Margit Hertlein
Raus aus dem Jammersumpf

mit

orangen Grüßen

und einem Lächeln

Margit Hertlein

MARGIT HERTLEIN

Raus
aus dem
Jammersumpf

Heiter und humorvoll ans Ziel kommen

ARISTON

Verlagsgruppe Random House FSC® N001967
Das für dieses Buch verwendete FSC®-zertifizierte Papier
Super Snowbright liefert Hellefoss AS, Hokksund, Norwegen.

Bibliografische Information der Deutschen Bibliothek

Die Deutsche Bibliothek verzeichnet diese Publikation
in der Deutschen Nationalbibliografie; detaillierte bibliografische Daten
sind im Internet unter http://dnb.ddb.de abrufbar.

Umschlaggestaltung: Eisele Graphik Design, München,
unter Verwendung eines Motivs von Jochen Wieland, Studio Hellhörig
Illustrationen © Sandra Schulze, Heidelberg
Satz: EDV-Fotosatz Huber/Verlagsservice G. Pfeifer, Germering
Druck und Bindung: GGP Media GmbH, Pößneck

ISBN 978-3-424-20101-7

Inhalt

4
Die schmunzelnde Kunst der Ausdauer

5
Am Gipfel angekommen

WIDMUNG

Für alle, die mir Neugier-Pflänzchen geschenkt, Jammer-sumpf-Warnschilder besorgt, immer wieder Wasserflaschen auf dem Weg gereicht und mit mir auf den Erfolgsgipfeln gefeiert haben ...

1

Warum es die Beatles niemals gegeben hat

Das Ende einer Weltkarriere

Ein feuchter englischer Morgen, ein Café in einer Seitenstraße. Roter Backstein, nebliges Weiß. Drinnen ist die Luft kaum klarer als draußen. Es wird geraucht. Vier junge Männer sitzen an einem Tisch. Blasse Gesichter, müde Augen. Zwei rauchen, zwei stochern in einem Frühstück.

»Deutschland …«, murmelt Raucher eins. »Ich weiß nicht. Da soll das Wetter so mies sein.«

Die Nebelschwaden vor dem Fenster werden dicker.

»Ja, genau. Und das Essen ist auch nicht berühmt«, sagt Raucher zwei.

Aus der angestochenen Frühstückswurst auf seinem Teller tropft Fett.

»Da versteht uns keine Sau«, nuschelt Frühstücker eins.

»Neun Stunden Auftritt. Jeden Tag. So viele Songs haben wir gar nicht. Und die paar, die wir haben, können wir nicht mal richtig«, sorgt sich Raucher eins.

»Geld ist da nicht viel drin. Ob das dann was bringt? Heißt doch immer: Wenn es nichts kostet, ist es nichts wert«, sagt Frühstücker zwei und legt ein paar Scheine für die Bedienung auf den Tisch.

Zustimmendes Brummen. Nicken in der Runde. Deutschland ist durch.

Die jungen Leute verlassen das Café.

Bis auf einen.

»Hamburg«, murmelt er, »St. Pauli …« Versunken schaut er in die Rauchschwaden, dann schüttelt er einmal energisch den Kopf, als müsste er ein Gespenst vertreiben, lacht kurz auf, drückt seine Kippe aus und entschwindet in den weißen Liverpooler Morgen. »Wer war das?«, fragt die Bedienung. »Lennon, John Lennon«, antwortet der Mann hinter der Theke und wischt die letzten Bierpfützen vom Tresen. »Lass dich bloß nicht mit dem ein«, sagt er. »Musiker.« Der Mann spuckt das Wort aus, als wäre es eine grobe Beleidigung. »Der hat nur Flausen im Kopf. Das wird noch ganz übel enden. Wirst schon sehen, Mädchen.«

So endete an einem nebligen Liverpooler Morgen des Jahres 1960 die Geschichte der Beatles, bevor sie überhaupt beginnen konnte. John Lennon, Paul McCartney, George Harrison und Pete Best gingen nicht nach Hamburg. Sie spielten nie im Star-Club, sie traten nie vor der englischen Königin auf, McCartney schrieb nie *Yesterday* und die Band verkaufte nie eine Milliarde Tonträger. Stattdessen wurden sie Versicherungsvertreter, Familienväter und Hobbymusiker. Irgendwann zerstritten sie sich, lösten die Band auf und wurden alt. Und wenn sie nicht gestorben sind, dann sitzen sie noch heute in ihren Hobbykellern und ärgern sich, dass sie es damals nicht versucht haben. Oder: Sie versichern sich gegenseitig, wie klug sie damals handelten, ihre Zukunft nicht an eine mehr als fragwürdige Laufbahn als Musiker zu binden.

Idee, Beharrlichkeit und Durchhaltewillen

So hätte die Geschichte mit den Beatles laufen können. Und so läuft sie auch. Täglich. Irgendwo und überall. In Augsburg und Adelaide, in Zürich und Zwickau. Menschen lassen Dinge bleiben, die sie deshalb gern tun würden, weil sie dafür brennen, weil sie von ihnen überzeugt sind, weil sie sie lieben, weil sie sie können. Und sie lassen sie deswegen bleiben, weil ihnen die Kraft fehlt, weil sie sich selbst keinen Mut machen, weil sie an Rückschlägen verzweifeln, weil ihre Neugier und Motivation im Trott des Alltags erstickt ist. Wie viele Beatles, wie viele Ronaldos, wie viele Picassos, wie viele Lang Langs wurden durch die Widrigkeiten des Lebens verhindert? Unzählige. Die Anlagen hätten viele, aber sie alleine reichen nicht. »Genie ist 1 Prozent Inspiration und 99 Prozent Transpiration«, hat Thomas Alva Edison gesagt. Der Mann hat die Glühbirne erfunden – er muss es wissen.

Wobei: Der Erste war Edison nicht. Die Idee für elektrisches Licht hatte der deutsche Uhrmacher Heinrich Göbel, nur ließ der seine Idee nicht patentieren. Ein Gericht stellte später fest, dass Göbel der eigentliche Erfinder war. Edison focht das nicht an. Die Theorie ist das eine, die Praxis das andere. Denn große Schwierigkeiten bereitete das Innenleben der Glühlampe, genauer: der Glühfaden. Über 1.200 Versuche mit den unterschiedlichsten Materialien wie Platin oder Iridium soll der geniale Geist aus Milan in Ohio gebraucht haben, bis er endlich das richtige Material für den Glühfaden gefunden hatte. Verkohlte Bambusfasern! Was muss Edison nicht vorher schon alles verschmurgelt haben, bis er auf diese Idee kam. 1.200 Versuche! Das bedeutet, dass es 1.199-mal nicht klappte und er versucht war, hinzuschmeißen und aufzugeben. Deswegen gilt Edison heute als Erfinder der Glühlampe, auch wenn ein anderer vor ihm die Idee zuerst hatte. Der Amerikaner zeigte Beharrlichkeit und Durchhaltewillen, um die gute Idee in die Tat umzusetzen. Zwei essenzielle Eigenschaften, um im Leben die eigenen Ziele zu verwirklichen, wie wir noch sehen werden.

Zurück zu den Beatles. Natürlich wird nicht jede verkaterte Teenager-Band, die eine Mischung aus Durchhaltevermögen, Abenteuerlust und Wahnsinn an den Tag legt, zum Welterfolg. Die meisten scheitern mit dieser Mischung einigermaßen grandios. Was sich aus der Geschichte der Beatles lernen lässt, ist nicht das Geheimrezept für den ultimativen Erfolg.

Was können wir aus der Geschichte der Beatles lernen? Die Statistik lehrt, dass Sie aller Voraussicht nach keines der raren Ausnahmegenies sind, die die Welt aus den Angeln heben und nachhaltig verändern werden. Sollte ich mich gerade in Ihrem Fall täuschen, werden Sie mir das verzeihen. Dieses Buch ist nicht für die Mozarts und Picassos unseres jungen Jahrtausends geschrieben, sondern für die Durchschnittsmenschen mit normalen Berufen, Wünschen und Begabungen. Und die sollten von den Beatles nicht lernen, wie man den Olymp des Pophimmels erklimmt, sondern vielmehr, dass auch ganz normaler Erfolg nicht vom Himmel fällt. Er hat Voraussetzungen. Wenn man bestimmte Dinge beachtet, kann man die Wahrscheinlichkeit für den persönlichen Erfolg steigern. Und dabei ist weniger die Rede von Grammys und Oscars als vielmehr von guten Beziehungen und einem erfüllenden Berufsleben.

Bei der Grimme-Preisverleihung im Jahr 2005 meinte die Schauspielerin Monika Bleibtreu etwas erstaunt: »Ich mache den Beruf jetzt seit über 40 Jahren, und plötzlich tun alle so, als wäre ich vom Himmel gefallen.« Oder Harry Belafonte, der berühmte Musiker: »Da arbeitest du jahrelang, und dann wirst du über Nacht berühmt.« Die Beatles-Geschichte lehrt uns, dass das nicht stimmt. Natürlich wurden weder Monika Bleibtreu noch Harry Belafonte über Nacht berühmt: Der Erfolg war das Resultat jahrzehntelanger, von niemandem beachteter harter Arbeit in feuchten Proberäumen, in kleinen Clubs und Ensembles vor schlecht gelauntem Publikum und noch mieser gestimmten Managern und Regisseuren. Bei den Beatles war das nicht anders. Ohne Hamburg, die harten Jahre auf der Reeperbahn, stundenlange Shows vor Betrunkenen, Zuhältern und Freiern wären sie nicht die Beatles geworden. Sie aber haben es gewagt, obwohl es eine Menge vernünftiger Gründe gab, das Abenteuer in Deutschland bleiben zu lassen. Und – mindestens genauso wichtig – sie bewiesen das Stehvermögen, die schlechten Bedingungen und manch unbefriedigende Situation auch auszuhalten. Das ist es, was wir aus der Beatles-Geschichte lernen können.

Die Entschlossenheit der vier Liverpooler ist umso bemerkenswerter, da sie keine drei Monate vor Beginn ihres St.-Pauli-Abenteuers – damals noch als »Silver Beetles« – eine verheerende Tournee durch Schottland hinter sich gebracht hatten. Sie reisten als Vorband des mittlerweile vergessenen Sängers Johnny Gentle durch die Highlands. Kaum Publikum, kaum Gage, heruntergekommene Hotels, Hunger und Erschöpfung – die einwöchige Tour war ein Fiasko allererster Güte und hätte die jungen Musiker eigentlich entmutigen müssen. Jedoch: Es kam anders. Die vier Jungs steckten den Rückschlag weg und warfen sich schon kurz darauf ins nächste Abenteuer. Das ist ebenso bewundernswert wie lehrreich. Lennon und Co. wussten offenbar, wie man sich nach verheerenden Niederlagen aufrappelt und von Neuem in den Ring steigt. Ein Wissen, das nicht nur für Rockstars oder Erfinder hilfreich ist, sondern für jeden Hobbygärtner, Amateursportler und erst recht jeden Berufstätigen dieser Welt.

Der Liverpooler Morgen, bei dem wir vorher Zeuge waren, lief also wahrscheinlich ganz anders ab. Eher so:

»Deutschland …«, murmelte Raucher eins. »Da soll das Wetter so mies sein. Aber das ist eigentlich ziemlich cool, dann haben die Leute mehr Zeit, zu Konzerten zu gehen.«

Die Nebelschwaden vor dem Fenster werden dicker.

»Das Essen soll nicht berühmt sein«, sagt Raucher zwei. »Aber, mal ehrlich, beschissener als hier kann es doch kaum sein.«

Aus der angestochenen Frühstückswurst auf seinem Teller tropft Fett.

»Verstehen wird uns natürlich keine Sau«, nuschelt Frühstücker eins. »Aber wenn die Leute da klatschen, dann klatschen sie überall.«

»Neun Stunden Auftritt. Jeden Tag. So viele Songs haben wir doch gar nicht. Und die paar Lieder können wir nicht mal richtig«, meint Raucher eins. »Na ja, da haben wir dann ja jede Menge Gelegenheit, vor Publikum zu proben«, schmunzelt er.

»Geld ist da nicht viel drin. Ob das dann was bringt? Heißt doch immer: Wenn es nichts kostet, ist es nichts wert«, sagt Frühstücker zwei und legt ein paar Scheine für die Bedienung auf den Tisch. »Aber: Uns kennt kein Mensch und so ist das Geschäft. Also: Lasst es uns machen. Das ist eine Riesenchance.«

Zustimmendes Brummen. Nicken in der Runde. Deutschland ist beschlossene Sache.

Die jungen Leute verlassen das Café. Sie gehen packen und werden eine der kommerziell erfolgreichsten Bands der Musikgeschichte. »Wer war das?«, fragt die Bedienung. »Lennon, John Lennon und seine Jungs«, antwortet der Mann hinter der Theke und wischt die letzten Bierpfützen vom Tresen. »Lass dich bloß nicht mit dem ein«, sagt er. »Musiker.« Der Mann spuckt das Wort aus, als wäre es eine grobe Beleidigung. »Der hat nur Flausen im Kopf. Das wird noch ganz übel enden. Wirst schon sehen, Mädchen.«

Tja, so kann man sich täuschen.

Eine Frage der Einstellung

Menschen können Herausforderungen auch unter widrigsten Bedingungen meistern, wenn sie die richtige Einstellung mitbringen und ein paar einfache Verhaltensweisen berücksichtigen. Die Beatles-Episode soll um Himmels willen nicht der Auftakt werden zu einem Handbuch à la *Genie sein für jedermann* oder *Berühmt, reich, schön und das sofort.* Wenn aber mehr Menschen mit Neugier und Optimismus durchs Leben gingen, sich an die Dinge wagten, die ihnen wirklich etwas bedeuten, ihre Aufgaben motiviert und voller Engagement angingen und mit Humor und milder Selbstironie mit Misserfolgen umgingen, wäre dann nicht ziemlich viel gewonnen? Natürlich! Die Welt wäre ein etwas schönerer Ort mit etwas zufriedeneren Menschen. Das ist ein Ziel, für das es sich lohnt, ein Buch zu schreiben. In der stillen Hoffnung, dass es vielleicht einen kleinen Beitrag auf dem steinigen Weg dahin leistet.

Ohne Tiefs gibt es keine Hochs

Es geht in diesem Buch darum, Einstellungen und Verhaltensweisen zu vermitteln, die dauerhaft helfen, sich Neugier, Motivation und Kraft im Alltag zu bewahren. Bei all dem, was man gerade zu tun hat – ob man Rockstar werden will, Altenpflegerin ist oder einen Fünf-Personen-Haushalt zu schmeißen hat. Es geht um Lobkultur, den pfleglichen Umgang mit sich selbst, sehr viel um Humor, ein bisschen um Krokodile und immer wieder auch um Wasserflaschen. Es geht darum, die »Mühen der Ebenen« auf sich nehmen zu können, die sich zwangsläufig zwischen den wenigen Gipfelerlebnissen unseres Lebens ausbreiten. Es geht darum, sich unterwegs mit der Aussicht auf den Erfolg zu motivieren, und diesen, wenn er denn endlich da ist, auch ordentlich auszukosten, und sich die Erinnerung für spätere, schwierigere Zeiten einzupacken.

Da eine Einleitung ohne Goethe-Zitat keine richtige Einleitung ist, hier ein hübscher Satz des Dichterfürsten, den er damals sicher schon in Hinblick auf dieses Buch hier verfasst hat:

»Alles geben die Götter, die unendlichen, ihren Lieblingen ganz, alle Freuden, die unendlichen, alle Schmerzen, die unendlichen, ganz.«

Der große Mann aus Weimar meinte damit schlicht und einfach, dass ein erfülltes Leben ohne Tiefen nicht zu haben ist, ja, Letztere sind sogar essenzieller Teil eines erfüllten Lebens. Ohne Anstrengung und Mühen sind die Erfolge nichts wert. Deshalb beschäftigt sich dieses Buch, wenn man so will, mit der emotionalen Dynamik der Kräfteerhaltung. Es geht darum, aus den kurzweiligen Erfolgen genügend Kraft zu ziehen, um den nächsten langwierigen Anstieg in Richtung Gipfel angehen zu können. Und es geht darum, wie man sich bei diesem nicht ganz gefahrlosen Unterfangen weder verzettelt oder verläuft noch verdurstet.

Das kommt leider häufiger vor, als es allen Beteiligten lieb ist. Seit Jahrtausenden, in allen Kulturen. »Nicht weil's schwer ist, wagen wir es nicht, sondern es ist schwer, weil wir's nicht wagen«, stellte vor über 2000 Jahren der römische Philosoph Seneca fest. Und ganz im Sinne dieses Buches äußerte sich vor rund 700 Jahren die heilige Katharina von Siena: »Das Beginnen wird nicht belohnt, einzig und allein das Durchhalten.« Wir könnten auch Leonardo da Vinci anführen. »Geniale Menschen beginnen große Werke, fleißige vollenden sie«, stellte er vor etwa einem halben Jahrtausend fest. Und im 20. Jahrhundert? Kein Mangel an großen Denkern, die in dieselbe Kerbe hauen. Der Maler Oskar Kokoschka (»Talent ist nicht genug. Worauf es ankommt, ist Stehvermögen«), der Schriftsteller Erich Kästner (»Es gibt nichts Gutes, außer man tut es«) oder Martin Luther King, der mit erhobener Faust donnerte: »Kein Problem wird gelöst, wenn wir nur rumstehen und beten.« Das Thema der Beharrlichkeit ist ganz offenbar ein kulturübergreifendes, wie man bald feststellt, wenn man den Sprichwörterschatz anderer Kulturen durchstöbert. In China sagt man: »Ausdauer hilft – wenn alles andere versagt«, in Indien gilt »Glück hilft nur manchmal, Arbeit immer« als geflügeltes Wort und in Afrika heißt es: »Ausdauer ist ein Talisman fürs Leben.«

Häufig endet die Reise im Jammersumpf

Offenbar ist es ein generelles menschliches Problem, mit den »Mühen der Ebenen«, wie Brecht formulierte, nicht zurechtzukommen. Das hat seinen Grund, denn das Unerfreuliche an diesen Mühen ist, dass sie nicht nur einfach so heißen, sondern sich tatsächlich vor allem dadurch auszeichnen, dass sie sehr mühsam sind. Für manche zu mühsam. Der Jammersumpf ist beim Treck durch die Ebene das größte Hindernis. Millionen und Abermillionen bleiben in ihm stecken – manche finden nie mehr aus ihm heraus. Er ist der Sammelpunkt der Enttäuschten, der Frustrierten, der Desillusionierten. Ermattet von den Anstrengungen des Alltags versinken sie im Boden und der Jammersumpf nimmt sie dankbar und glücklich schmatzend in Empfang. Dort sieht es zwar nicht ganz so hübsch aus wie auf den Bildern im Urlaubskatalog, aber man hat immerhin gleich gesinnte Gesellschaft. Am wärmenden Feuer der gemeinsamen Klagen kann man sich über die Arbeit, den Vorgesetzten, die Ehefrau, den Ehemann, die undankbaren Kinder und die Welt im Allgemeinen auslassen. Verbindendes Element aller Jammersümpfler sind drei Grundüberlegungen. **Nummer eins:** Die anderen sind schuld! **Nummer zwei:** Warum ich? **Nummer drei:** Niemand erkennt mein Genie!

Jetzt schütteln alle den Kopf. Ich? Im Jammersumpf? Niemals! Der ist doch nur etwas für die anderen. Die, die über die Spritpreise jammern und dann fragen, ob man schon ihren Hummer Jeep SMG-H2 mit 380 PS gesehen hat. Falsch gedacht, zu leicht gemacht. Die wirklich teuflischen Verlockungen des Lebens sind gerade deshalb so teuflisch verlockend, weil sie guttun. Zumindest im ersten Moment und auf den ersten Blick. Sie befriedigen grundlegende menschliche Bedürfnisse. Das macht ihren bittersüßen Reiz aus. Und was hat da der Jammersumpf zu bieten? Er bietet den Erschöpften einen Platz zum Ausruhen und eine Entschuldigung, die eigenen Bemühungen einzustellen. Er bietet den Einsamen Gemeinschaft. Wie in der großen Politik, so gilt auch im kleinen Privaten: Ein gemeinsamer Feind eint. Und wenn der Feind die ganze Welt ist, dann rückt man im Jammersumpf umso enger zusammen.

Und was ist daran nun eigentlich auszusetzen? Wenn es den Menschen beim Jammern gut geht, sie dabei Freunde finden und Freude haben? Ist das nicht ein ganz vernünftiges Lebensmodell? Nein, ist es nicht. Und das hat nichts mit neoliberaler Leistungsideologie zu tun. Der Mensch muss nicht ständig Neues schaffen, sich optimieren und dem Fortschritt hinterherhasten, aber er muss in Bewegung bleiben, darf seine Neugier nicht verlieren, seinen Humor, seine Freude am Spiel. Das sind Grundbedingungen des Menschseins. Wenn derart Existenzielles auf der Strecke bleibt, dann kann es sich um kein gutes Lebenskonzept handeln. Deswegen: Raus aus dem Jammersumpf oder – noch besser – gar nicht erst hinein. Die folgenden Seiten sollen eine Hilfe bei diesem nicht immer einfachen Projekt sein.

Humor, Zitronen und Tequila

Und vielleicht ist es beruhigend für Sie zu wissen, dass ich weiß, wovon ich spreche. Zum Beispiel weiß ich ganz sicher, dass ich nicht hochbegabt bin, auch wenn ich mir als Teenager so eine Ausnahmebegabung gewünscht habe. Singen konnte ich ganz gut, Reden auch, aber sonst? So habe ich vieles angefangen, manches aufgegeben, jammersumpfverschlammte Hosen gewaschen, unzählige Ebenen durchschritten und Gipfel erklommen und dabei immer versucht, mir und meiner Idee vom Leben treu zu bleiben. Dieses sonderbare Spektakel Leben mit Humor über die Bühne zu bringen – ob das geklappt hat? In einigen Bereichen sicher, und am sichersten immer dann, wenn ich mich daran erinnert habe, dass die gewinnen, die durchhalten.

Ich würde mich freuen, wenn Sie bei diesem Buch und bei Ihren Herzensangelegenheiten dranbleiben. Sie müssen um Gottes willen nicht in allem meiner Meinung sein, aber vertrauen Sie darauf, dass dieses Buch mehr als nur Meinung ist. Erkenntnisse aus Soziologie, Evolutionslehre oder Neurologie sind in diesen Text genauso eingeflossen wie verschiedene Verhaltensmodelle und psychologische Forschungsergebnisse. Nicht zu vergessen natürlich die Erkenntnisse aus meinem Ethnologiestudium. Mit das Wichtigste sind aber die persönlichen Erfahrungen, die ich versuchen will Ihnen näherzubringen: Manch schlechte Erfahrung könnte man sich nämlich sparen, wenn einem vorher mal einer sein Wissen weitergegeben hätte.

Auch Humor und Leichtigkeit haben einen ganz entscheidenden Platz in diesem Buch. Sie sind wichtige Schlüssel zu einem gelingenden Leben. Pleiten, Pech und Pannen produziert das Schicksal ganz von alleine, da sollte man selbst für den Humor sorgen, um das Ganze erträglich zu gestalten. In diesem Sinne: Wenn Ihnen das Leben das nächste Mal eine Zitrone gibt, fragen Sie nach Salz und Tequila!

2

Neugier ist der Beginn von allem

Die Gier auf etwas Neues

Neu und Gier. Neugier – eigentlich ein seltsamer Begriff, den man erst ein wenig hin und her wenden muss, bis man ihn so richtig verstanden hat. Und dann weiß man eigentlich auch noch nicht so wirklich weiter. Die Gier hat einen ausgesprochen schlechten Ruf. Nicht erst seit der unheiligen Dreifaltigkeit aus Wirtschafts-, Finanz- und Eurokrise, sondern quasi schon seit Anbeginn aller Zeiten. Und der Neugier ging es lange nicht viel besser – zumindest wenn man sie aus christlicher Sicht unter die Lupe nimmt. Spätestens seit dem einflussreichen Kirchenvater Augustinus von Hippo war die Neugier für das Christentum irgendwie gestorben. Gehörte schon die Gier an sich zu den sieben Todsünden, machte es das Wörtchen »neu« davor nicht wesentlich besser. Ein Blick in die Bibel zeigt, dass der Anfang der Bekanntschaft Neugier-Christentum denn auch ein grundlegend verpatzter war. Erinnern Sie sich? Da war diese Sache mit dem Apfel. Adam und Eva, die Vertreibung aus dem Paradies, die Erbsünde, und dann gab es eigentlich auch nicht mehr viel zu retten. Dabei ist Evas Griff nach dem »Adamsapfel« eigentlich eher ein Problem der Loyalität gegenüber dem Gartenbesitzer, der das Zugreifen ausdrücklich verboten hatte, als ein Grund, die Neugier für immer und ewig in Bausch und Bogen zu verdammen.

Unabhängig von diesem unheilvollen Missverständnis, das den Wissenschaften im christlich geprägten Abendland bis in die Neuzeit hinein nicht gerade einen sagenhaften Aufschwung beschert hat, soll hier ein eindeutiges Loblied der Neugier gesungen werden. Auf keinen Fall sollte man die Neugier verteufeln! Sie ist nämlich eine der wichtigsten Voraussetzungen für ein gelingendes Leben. Vor zehn Jahren befragten Forscher um Martin Seligman (ein amerikanischer Psychologe, der sich mit Glücksforschung befasste) über eine Million Menschen, was besonders großen Einfluss auf ihre Lebenszufriedenheit habe. Als die wichtigsten Zutaten für ein erfülltes Leben kristallisierten sich fünf Eigenschaften heraus. Und wer war dabei? Die Neugier! Die anderen vier Kandidaten waren Dankbarkeit, Hoffnung, Tatendrang und die Fähigkeit zu lieben.

Neugier gibt es frei Haus

Umso trauriger ist es, dass die Neugier so lange so schlecht beleumundet war und deshalb bis heute nicht ohne Argwohn betrachtet wird. Schließlich wird der Satz »Sei nicht so neugierig!« als Tadel verwendet. Dabei haben wir sie alle. Neugier gibt es frei Haus. Sie ist beim Menschen sozusagen serienmäßig in der Grundausstattung mit dabei – genauso selbstverständlich wie Arme, Beine und zwei Augen gibt es qua Geburt zwischen zwei und vier Schöpflöffel Neugier mit ins neue Leben. Die Ethnologin Birgitt Röttger-Rössler weiß aus ihren Forschungen, dass nur vier Grundausdrücke in der Mimik angeboren sind: Angst, Ekel, Freude und – schon wieder – die Neugier. Es gibt also ein angeborenes Neugier-Gesicht im Grund-ABC der menschlichen Mimik.

Wer daran zweifelt, dass Neugier dem Menschen in die Wiege gelegt ist, der sollte mal der Kinderkrippe, dem Kindergarten um die Ecke einen Besuch abstatten. Da hält Charlotte mit großen Augen, offenem Mund und ausgestrecktem Arm einen sich ringelnden Regenwurm zwischen den spitzen Fingern. Da rollt Mathilda nachdenklich einen Stein im Mund von links nach rechts. Da streicht Robin verblüfft über sein eigenes Spiegelbild in der Glastür. In den Krippen und Kindergärten dieser Welt wird geschüttelt, geschmissen, gepatscht und vor allem mit großen Augen gestaunt und probiert. Schon der griechische Philosoph Plato wusste, dass das Staunen der Anfang aller Philosophie ist. Und der gute Grieche ist beileibe nicht der einzige Fan der menschlichen Neugier. Zu denen zählt unter anderem auch Albert Einstein, der in der Moderne zum Inbegriff des Genies geworden ist. Er selbst beurteilte sich deutlich bescheidener. »Ich habe keine besondere Begabung, sondern ich bin nur leidenschaftlich neugierig.« Es scheint also, dass man es mit dieser Fähigkeit einigermaßen weit bringen kann. Das zeigt auch das Beispiel Bill Joy. Der Name des US-amerikanischen Softwareentwicklers wird in eingeweihten Kreisen mit der gleichen Ehrfurcht ausgesprochen wie die bekannteren Heiligen der virtuellen Welt à la Steve Jobs oder Bill Gates. Joy ist fraglos einer der Helden des Computerzeitalters. Und wie schaut es bei ihm mit der Neugier aus? Lassen wir seinen Vater antworten: »Als kleiner Junge wollte Bill immer alles über alles wissen, bevor er überhaupt hätte wissen sollen, dass er es wissen will.« Natürlich hatte er auch Eltern, die diesen Wissensdurst aushielten. Sie gaben ihm Antworten, wo immer sie sie wussten, und wenn sie einmal selbst ratlos waren, drückten sie ihrem Sohn die richtigen Bücher in die Hand.

»Neugier (auch Neugierde) ist das als ein Reiz auftretende Verlangen, Neues zu erfahren und insbesondere Verborgenes kennenzulernen«, sagt ein Lexikon. »Aha«, sagt der Volksmund und beginnt das Nachdenken. Ein Reiz also ist die Neugier. Die Motivation, etwas zu tun. Ein Antrieb, der einem Schwung gibt. Klingt nicht uninteressant, klingt so, als könnte man diese Neugier ganz gut gebrauchen. Tatsächlich ist sie noch weit mehr als nur eine nützliche Eigenschaft. Sie ist der Beginn von allem. Ohne sie geht gar nichts. Der Drang, das Unerwartete zu erklären, treibt Philosophen, Krankenschwestern, Hausmeister, Atomphysikerinnen, Ehemänner oder Mütter gleichermaßen an, zumindest dann, wenn sie ihren »Job« gut zu machen versuchen. Die Neugier ist nichts anderes für uns als die Motivation, sich mit den Dingen, die in unserem Leben eine Rolle spielen, auseinanderzusetzen, ein aktives, emotionales und inspirierendes Verhältnis zu ihnen zu entwickeln. Der Neugierige geht mit seinem Interesse auf die Welt zu, setzt sich in Beziehung zu ihr und macht sie sich auf diese Weise zu eigen. Und das gilt vielen Philosophen und mittlerweile auch den Psychologen als Grundlage eines gelingenden Lebens und ist ganz sicher die Basis aller Zufriedenheit.

Neugier ist ein Urmotiv

Neugier ist neben Nahrung, Fortpflanzung, Aggression und Bindung eines der fünf Urmotive des Menschen, ein innerer Antrieb zur Befriedigung von Bedürfnissen. Nur weil ich gut gefrühstückt habe, bedeutet das nicht, dass ich nichts zum Abendessen will. Motive erkennt man eben daran, dass sie regelmäßig aufs Neue befriedigt werden wollen und somit menschliches Handeln dauerhaft beeinflussen.

Jeder hat die Neugier in die Wiege gelegt bekommen, aber sie wurde in unterschiedlichen Portionen verteilt. Die Neugier steht in einem Spannungsverhältnis zum Bedürfnis nach Sicherheit, das ebenfalls jeder Mensch mit auf die Welt bringt. Der Wunsch nach Abwechslung und Ungewissheit ist das eine, eine gewisse Freude an der Kontinuität des Gewohnten das andere. Der evolutionäre Vorteil für uns besteht bei der Neugier darin, dass sie Unbekanntes zu Bekanntem macht. Je mehr Neues wir erforschen und je mehr Probleme wir lösen, umso größer wird die eigene Sicherheit.

Wo genau man auf der Skala zwischen der Gier nach Neuem und dem Wunsch nach Bestehen des Alten angesiedelt ist, das macht einen wesentlichen Teil der Persönlichkeit aus, und je nach Wesen, Herkunft, Erziehung, Erfahrungen etc. steht der Einzelne an einem bestimmten Punkt auf der besagten Skala.

Wer mehr dem Drang folgt, Dingen auf den Grund zu gehen und Neues zu entdecken, wer auf dieser Seite der Skala steht, der singt das hohe Lied der Neugier: »Man weiß nie, wozu es gut ist.« Die andere Seite der Skala gehört dem reinen Pragmatiker: »Ja, das Buch interessiert mich, wenn ich weiß, wozu ich es brauchen kann.« Es wäre töricht, eine Seite besser oder schlechter zu finden. Wer am äußeren Rande von »Kenne ich nicht, will ich wissen« steht, ist ebenso schlecht beraten wie derjenige, der alles Neue ablehnt.

Zu viel Neugier kann schon mal mit ernsthaften Konsequenzen bitter bezahlt werden. Die Individualreisegruppe, die die Sahara durchquert, obwohl es eine Sandsturmwarnung gibt, und sich am Ende verirrt, besteht mit einiger Sicherheit aus Super-Neugierigen. Im westlich geordneten Alltag – ohne Sandstürme, Giftschlangen und wasserlosen Wüsten – ist man allerdings nur selten mit derart lebensbedrohlichen Gefahren konfrontiert. Deshalb erlaubt sich dieses Buch ein rückhaltloses Lob der Neugier. Auch und vor allem deswegen, weil es viel zu viele Menschen gibt, die ihr Neugier-Pflänzlein haben verdorren lassen.

Nicht allein dem Menschen, als Krone der Schöpfung, ist die Neugier in die Wiege gelegt, auch vielen Tieren ist sie angeboren. Das weiß jeder, der einmal ein junges Kätzchen beobachtet hat, wie es Stück für Stück die Welt um sich herum entdeckt. Die Frage ist: Warum verschwindet die naturgegebene Begeisterung dafür, Dingen auf den Grund zu gehen, im Laufe des Lebens? Und zwar beim Menschen genauso wie bei den Tieren? Bei unserem Kätzchen erledigt sich das mit der Offenheit gegenüber Neuem mit der Geschlechtsreife, beim Menschen ist es häufig der Eintritt in die Schule.

Neugier macht Schule

Die Schule macht der Neugier den Garaus oder versetzt ihr zumindest einen schweren Schlag. Das ist vielleicht ein bisschen überspitzt formuliert, aber es ist eben auch mehr Wahres an diesem Vorwurf, als Eltern, Lehrern, Bildungspolitikern und nicht zuletzt Kindern lieb sein kann. Natürlich macht die Schule die Kinder nicht zu willenlosen Automaten, sie bringt ihnen viel Nützliches bei und an jeder Schule finden sich viele engagierte Lehrer, die für ihren Beruf brennen. Neugier aber, im eigentlichen, chaotischen, anarchischen Sinne, hat im Alltag eines Regelschulbetriebs keinen Platz. Eine in Psychologenkreisen beliebte Anekdote illustriert das elegant.

Der Schüler deutet auf einige an die Tafel geschriebene Wörter und fragt:

»Was steht da an der Tafel? Ich verstehe das nicht.«

Der Lehrer dreht sich um und liest.

Antwort: »Das ist von einer anderen Klasse.«

Es geht in der Schule nicht darum, die Fragen der Kinder zu beantworten, sondern ihnen die richtigen Antworten beizubringen. Ob die Kinder das interessant finden, ist nicht weiter von Bedeutung. Es geht darum, die Kinder mit Wissen druckzubetanken, um sie auf diese Weise wirtschaftsreif zu machen. Das ist der Kern der Methode Arbeitsblatt. Die massenkopierten Vorlagen geben nicht nur die Fragen vor, sondern auch die standardisierten richtigen Antworten. Welche Auswirkungen solche Unterrichtsmethoden auf den Lerneifer der Schüler haben, erkundete die amerikanische Psychologin Susan Engel bei einer Studie an staatlichen Grundschulen in den USA. Sie fand heraus: Erstklässler fragen noch etwa 20-mal pro Unterrichtsstunde bei ihrem Lehrer nach, vier Jahre später heben sie die Hand nur noch zweimal die Stunde. Das Schlimme ist: Diese Entwicklung wird gerne auch noch als Erfolg gefeiert – im Sinne einer Disziplinierung der Kinder. Die lieben Kleinen passen so zurechtgebogen nämlich besser in den standardisierten Rahmenlehrplan der deutschen Kultusministerkonferenz, der in Bildungskreisen quasi-religiöses Ansehen genießt.

Das Prinzip Standardisierung ist weiter auf dem Vormarsch. Werfen wir einen Blick an die Hochschulen, wo der hoch gepriesene Bologna-Prozess der Universität sehr erfolgreich die Universalität austreibt. Schluss mit Diplom und vor allem Magister, der noch der Idee eines freien, den eigenen Neigungen und Interessen folgendem Studieren verpflichtet war, hin zu Bachelor und Master. Die haben feste Lehrinhalte und ein klares Ziel: die jungen Menschen möglichst schnell jobreif zu machen. Dieses Ziel erreicht man am effizientesten, wenn man den Studenten um Gottes willen nicht mehr beibringt, als sie für die wirtschaftliche Verwertung ihres Bildungsabschlusses unbedingt benötigen. Die Geisteshaltung, die hinter dem neuen System steckt, tritt in wenigen Sachverhalten so deutlich zutage wie im European Credit Transfer and Accumulation System,

kurz ECTS. Das ist eine Art europaweit gültige Bildungs-
währung, die genau angibt, wie viel ein Seminar mit welchen Lehrinhalten wert ist. Kritiker sprechen zu Recht von
einem »numerischen Bildungsideal«. Das alte Humboldt'sche
Bildungsideal setzte auf die Neugier der Studenten, das neue
Bologna-Ideal hingegen setzt auf die von der Wirtschaft ge-
forderte Effizienz. »Neugier ist das Streben nach Wissen,
das sich nicht rechtfertigen muss. Sie lässt sich nicht regeln,
nicht steuern, nicht planen«, hat der Wiener Philosophie-
professor Konrad Paul Liessmann einmal festgestellt und
damit der neuen Effizienzorientierung im Bildungswesen
eine schallende Ohrfeige verpasst.

Das klare Ergebnis der oben erwähnten Studie in amerikanischen Grundschulen: Schule lässt Neugier erschlaffen.
Und zwar, weil es dieser so essenziellen und wertvollen Eigenschaft des Menschen nicht gut bekommt, wenn man ihr
vorschreibt, auf was sie sich gefälligst zu richten hat. Routine und Müssen sind der natürliche Feind der Neugier.
Dass das Bildungssystem die Neugier auf die Dinge einge-
hen lässt, ist eine Katastrophe, die noch weitgehend unbe-
achtet vor sich hin schwelt. Immerhin ist die Neugier –
siehe Einstein – der Motor aller Erfindung und zugleich
allen Unternehmergeistes. Und sind das nicht die Dinge,
die in Deutschland gebetsmühlenartig beschworen werden,
wenn es um die Zukunftsfähigkeit der Republik geht?

Blitze, Barbecue und Neugier

Um zu ermessen, wie wichtig, wie grundlegend die Neugier für das ist, was wir heute Menschheit nennen, müssen wir einen Schritt zurücktreten und in die Vergangenheit blicken. In eine Zeit, als uns noch nicht allzu viel vom Tier unterschied: an den Anfang des modernen Menschen. Genau genommen war der Mensch nämlich auch bloß ein Affe, bis vor gut eineinhalb Millionen Jahren jemand das gepflegte Barbecue erfand. Ab diesem Moment war Fleisch für den Menschen nicht nur besser verwertbar, sondern vor allem auch vernünftig lagerbar. Das ließ man sich im frühen Pleistozän nicht zweimal sagen und speiste fortan gerne üppig und fleischreich. Die nächsten paar Jahrhunderttausende war *Homo erectus* damit beschäftigt zu jagen, zu grillen und sein Gehirn wachsen zu lassen. Irgendwo musste das viele Eiweiß schließlich hin, das in der neuen Kost enthalten war. Und das menschliche Hirn war nicht der schlechteste Platz dafür. Wegen der von nun an deutlich fleisch- und eiweißreicheren Kost bekam der frühe Mensch ein ordentliches Upgrade in der Hardware. Aus dem *Homo erectus* wurde – auch wegen der guten Mammutsteaks – ein *Homo sapiens*. Den Betrieb dieser Hochleistungsrechenzentren in unserem Kopf konnten wir uns dauerhaft nur leisten, indem wir weiter fleißig Fleisch nachschoben. Schließlich verbrauchte das *Homo-sapiens*-Gehirn eine ganze Menge Energie, bis die Menschheit mal bei Renaissance, Aufklärung und Demokratie angelangt war.

Ohne Neugier wäre die Erde eine Scheibe

Das Grillen ist so betrachtet eine der edelsten menschlichen Fähigkeiten. Die Venus von Willendorf, Michelangelos Fresken in der Sixtinischen Kapelle, Shakespeares *Romeo und Julia*, Beethovens *Fünfte* oder *Imagine* von John Lennon: Das alles sind menschliche Schöpfungen, die nicht denkbar wären ohne das erste Barbecue vor einigen Millionen Jahren. Diese These erhält auch anderweitig Auftrieb. Man muss sich nur mal anschauen, welch kompliziertes System an Riten und Bräuchen sich noch heute um das Braten rohen Fleisches über offener Flamme spinnt. Und mit welchem Ernst vor allem Männer im Sommer diese Traditionen hochhalten. Auch wenn bei ihnen den Rest des Jahres die Küche kalt bleibt und sie die Karte des Asia-Imbisses um die Ecke auswendig kennen, beim Grillen verstehen sie keinen Spaß. Da muss immer noch Mann ran. Ein direkter Zusammenhang der Fleischbraterei mit der Entwicklung des modernen Menschen würde diesem – ansonsten vor allem amüsant anmutendem – Brimborium eine nachvollziehbare Bedeutung verleihen.

Aber was hatte das Grillen nun noch mal gleich mit der Neugier zu tun? Na ja, wer dürfte wohl derjenige gewesen sein, der das erste Mal einen Klumpen Fleisch in das Feuer eines Blitzschlags gehalten hat? Sicher war das nicht der Urzeitmensch, der beim ersten Donnerschlag vor Angst in die Höhle sprang, sondern sein experimentierfreudiger Kollege aus dem Nachbarloch. Die Neugier steht so gesehen am Beginn des modernen Menschen. Sie begleitet ihn seither und spornt ihn zu immer neuen Höchstleistungen an. Unser Gehirn wurde, wie es ist, weil man es mit Neugier nutzte. Ohne diese Fähigkeit wäre für uns die Erde nicht rund, denn dann hätte sich nie einer hingesetzt und darüber nachgedacht, wie das mit dieser Welt eigentlich genau sein könnte. Und das gilt für alle Bereiche: Entwicklung ist die Folge von Neugier. Der Urmensch, der vor vielleicht 1,8 Millionen Jahren den ersten Faustkeil aus dem Stein trieb, war nicht nur schlau, er war vor allem neugierig. Wie viel Ausschussware muss er produziert, wie oft sich auf den Daumen gehämmert haben, bis der Keil tatsächlich das erste Werkzeug der Menschheitsgeschichte geworden war? Wie viel Ausdauer und gemeinschaftlicher Wille zum Ausprobieren stecken in der Schrift, die Sie in diesem Moment lesen? Eine Kulturtechnik, ohne die die Welt heute nicht denkbar wäre und die auch schon rund 6.000 Jahre auf dem Buckel hat. Und wie viele Neuerungen gab es erst in der jüngeren Vergangenheit? Dreifelderwirtschaft, Buchdruck, Dampfmaschine, Elektrizität, Internet … Und das Tempo von Entwicklung und Innovation wird immer schneller.

Allerdings nicht unbedingt weil die Neugier wachsen würde, sondern vor allem weil für die Neugierigen dieser Welt die Voraussetzungen noch nie so gut waren wie heutzutage. Bildung steht allen offen, Wissen ist frei verfügbar, die Fachkreise sind international vernetzt … Es gibt kaum Hürden für den wissbegierigen Neugierigen. Das ist in der Menschheitsgeschichte die absolute Ausnahme, wo früher nur die Privilegierten und Auserwählten Zugang zu Bildung hatten. Angesichts dieser glänzenden Bedingungen wäre es jammerschade, wenn wir die Neugier als grundlegende menschliche Fähigkeit verkümmern ließen.

Neugier macht den Alltag aufregend

Also gut: Neugier ist eine wichtige Sache und die großen Geister dieser Welt brauchen sie, um die Menschheit voranzubringen. Aber wie sieht es da mit dem Normalo aus? Für die durchschnittlich begabte Frau oder den normal begabten Mann, ist da Neugier so wichtig? Ist Neugier nicht sogar verpönt, kaum zu trennen von der Geschwätzigkeit, dem Tratsch und der Freude an Gerüchten? Nicht jeder ist dazu geboren, mit Erfindungen die Welt auf den Kopf zu stellen. Warum sollte es also für den Alltag im Privaten, für die automatisierten Routinen des Arbeitslebens der Neugier bedürfen? Die Antwort lautet: Damit das Privatleben kein immerwährender Alltag wird und damit der Job nicht nur aus automatisierten Routinen besteht!

Neugierig sein bedeutet nicht zwangsläufig, irgendwo in der Antarktis den letzten weißen Flecken des Erdballs hinterherzujagen und Verhaltensmuster von Pinguinen zu erforschen – obwohl das zweifellos ziemlich interessant wäre. Wussten Sie, dass Pinguine Artgenossen ins Wasser stürzen, um zu testen, ob Orcas im Wasser auf sie warten? Tatsache. Deshalb kann man in der Antarktis immer wieder ein interessantes Schauspiel verfolgen. Eine Gruppe Pinguine drängt sich trippelnd und wackelnd an der Kante zum Wasser zusammen. Es werden immer mehr, bis schließlich ein paar gezielte Schubser die erste Reihe ins Meer befördern. Die Pinguine warten kurz, ob ihr Artgenosse von einem Orca zerfetzt wird, ist das nicht der Fall, stürzen auch sie sich in die Fluten. So, Schluss jetzt, das war Neugierbefriedigung pur. Wissendurst ohne Nähr- und Mehrwert, so Sie nicht auf einen Auftritt in *Wer wird Millionär?* hinarbeiten oder eine Arbeit über Pinguine schreiben.

Zurück zum Alltag. Im Alltag kann Neugier uns Neuland betreten lassen, sie muss es aber nicht. Neugier kann auch dazu führen, dass wir uns um das Bestehende kümmern und im modernen Alltag braucht es die Neugier in dieser pragmatischen Form mindestens genauso sehr wie in ihrer Ausführung als Pioniergeist. Schon deshalb, weil Hegels Einsicht auch heute noch gilt: »Das Bekannte überhaupt ist darum, weil es bekannt ist, nicht erkannt.« Nehmen wir mal die Lotuspflanze. Wie viele Generationen von Menschen sind an dieser Pflanze mit Neugier-Scheuklappen vorbeigelaufen, ohne mitzubekommen, welche Eigenschaften diese Pflanze hat. Der eine oder andere Wasserträger, Knecht oder Gärtner mag sich schon einmal gewundert haben, dass das Wasser so seltsam an der Pflanze abperlt und sie auch nie schmutzig wird, aber nach einem achtlosen Schulterzucken kümmerte man sich dann wieder um den Alltag. Erst in den 1970er-Jahren wurde der wasser- und schmutzabweisende Effekt entdeckt. Es dauerte dann noch zwei Jahrzehnte, bis diese Selbstreinigungsfähigkeit auch wirtschaftlich verwendbar wurde. Aber was sind 20 Jahre im Vergleich zu mindestens 2.000 Jahren, in denen die Lotuspflanze von der Menschheit links liegen gelassen wurde? Gerechterweise ist noch zu sagen, dass die Menschen sicher in der Altsteinzeit, der längsten Periode der Urgeschichte, oder auch im frühen 17. Jahrhundert, während des 30-jährigen Krieges, andere Sorgen hatten, als den Selbstreinigungseffekt von Lotuspflanzen zu beobachten und bekannt zu machen. Ein »Vorwurf« übrigens, der sich nicht nur an Asien richtet, wo die Pflanze zu Hause ist, sondern der ebenso uns Europäer trifft. Denn auch Kapuzinerkresse, der Frauenmantel oder das Weißkraut haben diese Selbstreinigungsfähigkeit.

Ob der Durchbruch bei einem wissenschaftlichen Projekt gelungen ist oder man die private Rezeptur für das Einlegen von Weißkraut verbessert hat, macht für einen selbst im Übrigen nicht viel Unterschied. In beiden Fällen belohnt der Körper die Befriedigung der Neugier – mit einer kleinen Drogendosis. Darauf hat der amerikanische Neurowissenschaftler Irving Biederman hingewiesen. Er zeigte in einer Untersuchung, dass die Augenzellen, die für die Verarbeitung von neuen Eindrücken zuständig sind, körpereigene Opiate produzieren, die wiederum die Regionen des Gehirns anregen, mit denen wir lernen. Bei bekannten Eindrücken sinkt die Opiatproduktion wieder. Neues macht also neugierig, Vorhandenes ist langweilig.

Das Ende der Neugier, der Anfang der Tretmühle

Wie wichtig die Neugier ist, bemerken wir erst, wenn unser Verlangen, Neues zu erfahren, am Ende ist. Dann wird es gefährlich für die Psyche. Die Welt wird grau, verliert ihren Reiz, alles schmeckt fad. Wir schalten dann auf Autopilot und werden zum Zuschauer in unserem eigenen Leben. Oft mit fatalen Folgen. In jedem Fall verlieren wir ein Stück

Flexibilität und Offenheit. Darüber hinaus tut es unserem Gehirn nicht gut, wenn es nur noch auf eingefahrenen Bahnen spazieren geschickt wird. Denn im Grunde sind unsere grauen Zellen ein großer Muskel. Und das bedeutet: Wenn er nicht trainiert wird, geht ihm bald die Luft aus.

Kein Glück in der Hängematte

Es ist das Interesse an der Welt, das uns antreibt, uns intensiv mit dem zu beschäftigen, was wir täglich tun, Dinge auszuprobieren, Verhältnisse zu gestalten, Neues zu wagen … Indem wir uns von Neugier getrieben mit dem auseinandersetzen, was unsere ganz persönliche Welt ausmacht, machen wir uns Dinge zu eigen und setzen uns aktiv in ein Verhältnis zu ihnen. Und zwar, weil wir verstehen wollen. So wird die neue Stadt zu »meiner Stadt«, der neue Job zu »meinem Job« und die Nachbarschaft zu »meiner Nachbarschaft«. Neugier ist eine der wichtigsten Ressourcen auf dem Weg zu einem gelingenden, guten und insgesamt zufriedenstellenden Leben. Schon deswegen, weil der völlige Mangel an Neugier den absoluten Stillstand bedeutet. Und mit dem wird auf Dauer keiner glücklich. Die Neuropsychologie weiß: Nichts befriedigt auf Dauer so sehr wie die Suche nach neuen Erfahrungen und Informationen. Vermutlich ist das der Sinn des Lebens: mit wachem Geist und offenen Augen durch die Welt gehen.

Diese Erkenntnis mag in der Wissenschaft weitverbreitet sein, in den Alltagskanon menschlicher Erfahrung hat sie es noch nicht geschafft. Was sind denn die Traumbilder vom großen Glück, die uns in der Werbung vorgesetzt werden? Ganz vorne dabei: ein weißer, palmengesäumter Strand vor einem sehr azurblau funkelnden Meer, zwei sehr hübsche Menschen mit einem sehr frisch aussehenden Cocktail stehen an diesem Strand und blinzeln verträumt in den Sonnenuntergang. Kein Zweifel, das macht Spaß. Wenn man mal zehn Tage Urlaub auf den Bahamas macht und der heimischen Tretmühle aus Job, Familie und gesellschaftlichen Verpflichtungen entkommt. Spätestens nach zwei Monaten aber ist die Luft raus. Da kann der Cocktail noch so fruchtig sein, der Sonnenuntergang noch so golden, den zwei sehr hübschen Menschen wird dann auch das Paradies gewaltig auf den Senkel gehen.

Noch immer gilt es vielen aber als der Gipfel des Glücks, sich nicht mehr abstrampeln zu müssen und das Leben aus der Hängematte heraus zu genießen. Dabei wird die zersetzende Wirkung der Langeweile grandios unterschätzt. Der Mensch gewöhnt sich an Annehmlichkeiten sehr schnell und irgendwann ist die Karibikkulisse vor der Hängematte die Normalität – genauso wie vorher die Zweizimmerwohnung im achten Stock eines Mietshauses in Bottrop. Mit dem Unterschied, dass sich der Bottroper auf einen Urlaub im Süden freuen kann, wer dagegen dauerhaft im Paradies zu Hause ist, muss erst mal ein Feriendomizil finden, das ihn nicht enttäuscht. Dieses Phänomen nennt man das »Prinzip der hedonistischen Tretmühle«. Es besagt, dass wir uns schnell an das gewöhnen, was uns glücklich machen sollte. Wochenlang beäugt man bei jedem Stadtspaziergang sehnsüchtig die sündhaft teuren Stiefel im Schaufenster. In einem Anfall spontaner Abenteuerlust beschließt man, sie zu kaufen. Die Freude ist groß, die ersten 24, 48,

72 Stunden. Vielleicht auch noch die zweite Woche lang, aber spätestens nach dem ersten Tritt in einen Hundehaufen sind die Stiefel Normalität. Mit diesem Beispiel will ich Ihnen nicht sagen, dass Sie nur noch in vernünftigem Schuhwerk durch die Gegend laufen sollen. Kaufen Sie ruhig die schicken Treter und bereiten Sie sich kurzfristig eine Freude, aber hängen Sie ihr Glück nicht an derartige Dinge. Sie werden bald enttäuscht sein, und dann müssen das nächste Paar Stiefel, das nächste Auto, die nächste Beförderung her.

Vergnügen, Spaß, Unterhaltung etc. müssen dosiert eingesetzt werden, als Dauerzustand lassen sie uns nur abstumpfen und führen in einen Zustand »spätrömischer Dekadenz«. Entgegen der allgemeinen Auffassung bedeutet zum Beispiel mehr Geld nicht automatisch mehr Glück. Sind die Grundbedürfnisse und ein paar Sonderwünsche obendrauf erfüllt, dann hat die Höhe des Vermögens keinen nennenswerten Einfluss mehr auf die Zufriedenheit. Viel wichtiger ist, dass die Bezahlung als angemessen empfunden wird. Die Grenze, ab der man unbeschwert leben kann, wurde zuletzt bei rund 60.000 Euro Jahreseinkommen angesetzt. Viel Geld, aber weit von Managergehältern und wirklichem Reichtum entfernt. Übrigens: Seit 1959 wird der amerikanische Wissenschaftler Herzberg immer wieder gerne mit der These zitiert, dass Geld nicht motiviere. Und so ploppen seitdem immer wieder neue Variationen dieses Satzes auf, der nur deshalb, weil er oft genug wiederholt wird, nicht richtiger wird. Schon eigenartig, denn die meisten Menschen haben eben keine 5.000 Euro im Monat zur Verfügung.

Der wohl radikalste Weg, zu richtig viel Geld zu kommen, ist ein Lottogewinn. Menschen mit normalem Einkommen bekommen auf einmal das Zehn-, 100-, ja manchmal 1.000-Fache eines Jahresgehalts überwiesen. An dem plötzlichen Geldsegen und der Verpflichtung, von nun an aber so richtig glücklich sein zu müssen, sind schon viele Glückspilze zugrunde gegangen. Zum Beispiel Lotto-Lothar, ein Sozialhilfeempfänger aus Hannover, der 1994 knapp vier Millionen Mark gewann. Begleitet von der *Bild*-Zeitung feierte er eine Orgie nach der anderen, offenbar auf der verzweifelten Suche nach Glück. Nur vier Jahre nach seinem Gewinn starb er an Leberzirrhose. Von dem Geld war kaum mehr etwas da.

Nur ein Beispiel dafür, dass das Gehirn als Zentralorgan der Zufriedenheit kein dauerhaftes Dolcefarniente braucht. Mit Ausruhen hat es ziemlich wenig am Hut, ihm steht eher der Sinn nach Beschäftigung, nach Rätseln, nach Neuem. Die Lottogewinner, die ihren Gewinn gut »verkraftet« haben, sind diejenigen, die sich ein paar Wünsche erfüllt haben und ansonsten ihr normales Leben weiterführen, inklusive Arbeit und Freundeskreis. Einfach nur auf der faulen Haut zu liegen ist die perfekte Idee für den Sommerurlaub am Strand, auf Dauer aber hält das unser Hirn nicht aus. Dafür ist es nicht gebaut. Bert Brecht schrieb in diesem Sinne einen Hilferuf seines Gehirns an Helene Weigel: »Mein Gehirn ist der Arbeit, mich zu unterhalten, nicht mehr entfernt gewachsen.« In gewisser Weise ist der Mensch zum Fortschritt verdammt, wie die Wirtschaftswissenschaftlerin Claudia Senik von der Pariser Sorbonne in einem Aufsatz zur Suche nach Glück betont. Der Zyklus des

Strebens nach Glück sei immer der gleiche: Zielsetzung, Anstreben, Gewöhnungseffekt, neue Zielsetzung. Ohne Neues kommt das glückliche, das gelingende, das lebenswerte Leben nicht aus. Das kann man gut finden oder nicht, aber vor allem sollte man es akzeptieren.

Im Alltag angekommen, lauert die Ernüchterung

Der Same der Neugier wird jedem Menschen in den Schoß gelegt. Und bald treibt daraus ein kräftiger grüner Spross hervor, der eines Tages zu einem knorrigen Baum heranwachsen und auch dem härtesten Sturm trotzen soll. So wünscht man sich das, so geht die Theorie. Die ist aber auch in diesem Fall grau. Das zarte Pflänzchen der Neugier ist nämlich nicht besonders pflegeleicht. Geht man nicht sorgfältig mit ihm um, kann es mit dem jungen Grün sehr schnell vorbei sein. Die Neugier geht ein, die Offenheit verdorrt, das Interesse erlischt und die Menschen laufen mit stumpfen Augen durch ihren Alltag. Das kann im Beruf passieren, aber genauso in einer Paarbeziehung oder einer Familie. Diese Menschen tun das, was von ihnen verlangt wird, nur noch, weil es von ihnen verlangt wird, und nicht aus eigenem inneren Antrieb.

Auf Dauer kann das nicht gut gehen und das tut es in aller Regel auch nicht. Aus einem einfachen Grund: Wer aufhört, neugierig zu sein, verzichtet auf eine fröhlich sprudelnde Quelle der Zufriedenheit. Es ist paradox, aber der

Schlüssel für Zufriedenheit ist Unruhe. Das menschliche Gehirn will beschäftigt werden. Es hungert geradezu nach neuen, möglichst herausfordernden Aufgaben. Das Schöne ist, dass sich das Gehirn selbst für seine Umtriebigkeit belohnt. Es reagiert mit der Ausschüttung von Dopamin auf neue Informationen und Erfahrungen. Dopamin ist biochemisch betrachtet die Grundzutat für Zufriedenheit, so eine Art körpereigene Droge, die Spaß macht und dazu noch gesund ist. Wer dem angeborenen Trieb der Neugier folgt, geht mit den Menschen in seinem Umfeld und den Aufgaben in seinem Alltag nicht nur sorgsamer und erfolgreicher um, ihm selbst geht es dabei auch noch deutlich besser.

Was für ein Mann …

Es gibt also keine Gründe, das mit der Neugier bleiben zu lassen. Und doch geschieht das im Alltag immer wieder. Das Hinterhältige ist, dass die Neugier nicht mit einem lauten, effektvollen Knall verpufft, sondern sich – wie ein Parfum – langsam verflüchtigt. Die meisten merken es nicht einmal, ja viele halten sich immer noch für aufmerksame und interessierte Zeitgenossen, obwohl ihr Neugier-Pflänzchen längst bröseltrocken ein Fall für den Biomüll ist. Gerade noch in der Nase, schon ist er weg, der aufregende Duft des Neuen, die Offenheit für anderes und das Interesse an der Welt. Eben noch begeisterter Berufsanfänger, und schon frustrierter Burn-out-Kandidat.

In den eigenen vier Wänden sieht es nicht besser aus. Thema Beziehung. Nehmen wir die Perspektive der Frau.

Am Anfang eines Kennenlernens ist es noch da, dieses herrlich lebhafte Gefühl der Neugier auf einen Menschen. Sie sehen diesen flanellhemdtragenden Typen lässig an der Bar lehnen. Sein Fünftagebart ist keine Show, er ist einfach nur zu faul, sich zu rasieren, und ihn kümmert es nicht, was die Welt darüber denkt. Zumal das hinreißend aussieht – finden Sie. »Meine Güte, was für ein Mann!«, denken Sie sich. So was Ehrliches, Erdiges, nicht so geschniegelt, getüncht, mit Kulturanstrich. Nein, ein echtes Mannsbild, der nimmt die Wurst nicht aus dem Papier und drapiert sie kunstvoll auf einem Teller. Er legt sie einfach so auf den Tisch und isst sie mit den Fingern. Der hat keine Frisur, der hat Haare. »What a man«, jubeln Sie innerlich und verdammen all die verzärtelten Post-Macho-Männerausgaben.

Die Ernüchterung schleicht sich an

Geben wir der Sache etwas Zeit. Sie sind mittlerweile mit dem Mann liiert und die Monate des emotionalen Frühlings sind graue Vorzeit, es ist jetzt Winter, ein ziemlich kalter Winter. Er sitzt am Tisch, offensichtlich unrasiert, reißt mit seinen Händen ein Stück Leberkäse ab und schiebt sich das, was ihm anschließend nicht wieder entgleitet, zwischen seine mahlenden Kiefer. »Mein Gott, der isst ja wie ein Schwein«, denken Sie leise vor sich hin. »Den kann ich ja nirgendshin mitnehmen. Und die Haare … Ist das so schwer, morgens da mal mit dem Kamm durchzugehen? Um Himmels willen, ist das Leberkäse da auf seinem Hemd?« Langsam gehen Sie ins Badezimmer, bahnen sich einen Weg durch die Flanellhemden, klappen die Klobrille nach unten, schließen den Deckel, setzen sich hin und beginnen, leise zu weinen. Ein klassischer Fall der Ernüchterung, gepaart mit einem ungebremsten Sturz aus ordentlicher Höhe auf den Boden der Tatsachen. Das kann ziemlich wehtun.

Die Wahrheit liegt in der Mitte

Nun muss man sagen, dass die Geschichte sicher auch eine andere Perspektive hat, nämlich die unseres Flanellhemdenträgers. Denn die Frau, die wir gerade alleine und weinend auf der Klobrille zurückgelassen haben, hat sich selbst unfair verhalten. Sogar zweimal. Einmal zugunsten des Flanellhemds, einmal zu seinen Ungunsten. In ihrer Verliebtheit, ihrer Neugier zu Beginn hat sie ihm unverdiente Vorschusslorbeeren ins Haar gehängt. In der Ernüchterung hinterher dichtet sie ihm Leberkäsereste an, wo wahrscheinlich gar keine sind. Die Wahrheit bezüglich unseres Flanellhemdenträgers liegt wohl irgendwo in der Mitte. Das Problem ist, dass man in der Phase der Neugier zur Verherrlichung neigt und in der Phase der Ernüchterung die Dinge nur noch durch die dunkelschwarze Brille betrachtet. Das lässt sich gerade in Beziehungsfragen als großer Kreislauf ein Leben lang durchziehen. Kennenlernen, Ernüchterung, Trennung. Kennenlernen, Ernüchterung, Trennung. Und gleich noch einmal. Manch einer zieht daraus seine Konsequenzen wie die Krankenschwester, die auf die Frage »Einen Mann ins Haus nehmen?« antwortet: »Ambulant schon, aber stationär nicht mehr.« Männliche Beispiele für den schnellen Beziehungskreislauf sind der fünfmal verheiratete Ex-Außenminister Joschka Fischer, dem der ehemalige Weltklassefußballer und aktuelle »Weltpeinlichkeitsmeister« Lothar Matthäus mit vier Heiraten dicht auf den Fersen ist.

Folgende Frage ist es, die sich stellt: Warum geht das so schnell mit der Ernüchterung? Und: Warum lässt sich das in manchen Fällen nicht vermeiden? Eine der Antworten lautet: *Routine essen Neugier auf* – in leichter Abwandlung des Fassbinder-Filmtitels *Angst essen Seele auf.* Die ständigen Wiederholungen, die ein normales Leben mit sich bringt, sind Dürren für unser Neugier-Pflänzchen. Stress pur. Stress allerdings, der sich nicht vermeiden lässt – und das ist eine ganz entscheidende Einsicht. Routinen gehören zum Leben. Der Alltag heißt Alltag, weil er »all Tag« da ist. Hier gelangt man an die Grenzen des Neugier-Begriffs. Es geht nicht darum, sich andauernd mit dem noch nie Dagewesenen zu beschäftigen. Neugier bedeutet mindestens genauso sehr, hinter die Fassade des Bestehenden zu blicken und den Alltag verstehen zu wollen. Das ist eine lebensfüllende Aufgabe.

Es ist kein Problem, wenn ein Versicherungsvertreter seinen Berufsalltag nicht als epochemachendes Abenteuer empfindet. Das Kundengespräch über die Riester-Rente oder die Regulierung eines Haftpflichtfalls sind nun mal keine Südpolexpedition, sondern das berufliche Äquivalent zum privaten Müllrausbringen. Macht keinen Spaß, aber muss eben sein. Es geht im Job nicht darum, die Welt zu retten. Dementsprechend muss man auch nicht jeden Aspekt seines Berufsalltags als einzigartige Feuertaufe sehen.

In der Pflege sind Wundmanagement, Pflegedokumentation oder Tablettenstellen handwerkliche Notwendigkeiten, die sich tagtäglich wiederholen. Und das ist normal und gut so. Unser Alltag besteht zu wichtigen Teilen aus Wiederholungen. Von der morgendlichen Dusche bis zu den paar Buchseiten vor dem Einschlafen – lauter Routinen. Oft handelt es sich um lieb gewonnene Gewohnheiten, die wir nicht gestört wissen wollen, weil sie uns ein Gefühl von Sicherheit und Geborgenheit verschaffen. Zu Recht halten wir daran fest, denn 24 Stunden Neugier am Tag hält keiner aus. So viel Fleisch kann man gar nicht essen, um das Gehirn dauerhaft derart hochtourig laufen zu lassen. So viel Dopamin bekommt die körpereigene Apotheke gar nicht über den Ladentisch gereicht, wie man als Belohnung für all die Anstrengungen bräuchte.

Wundern Sie sich bitte!

Die sinnvolle Neugier kann man sich eher als eine Art Offenheit vorstellen. Eine Bereitschaft, sich über Dinge zu wundern, sie zu hinterfragen und ihnen auf den Grund zu gehen. Das ist die Einstellung, die dazu führt, dass einem das Besondere in der Routine auffällt. Diese Offenheit sollte man sich auch gegenüber den Menschen bewahren, die einen umgeben. Interesse am Gegenüber zeugt von Respekt und demonstriert, dass einem die Kollegen in der Arbeit und die Nachbarn von nebenan nicht vollkommen egal sind, Interesse am Gegenüber ist die Voraussetzung für gute soziale Beziehungen. Die gehören, wie auch die Neugier, zu den Grundvoraussetzungen eines gelingenden Lebens.

Es dürfte jetzt nicht mehr allzu viele Zweifel geben: Die Neugier beschert uns ein schöneres, besseres und sinnvolleres Leben. Es ist gut, neugierig zu sein. Und: Jeder ist neugierig am Beginn seines Lebens. Wenn Neugier also erstens ein Gut ist und zweitens jeder sie mitbekommen hat, dann stellt sich eigentlich nur noch eine Frage: Wie bewahrt man sich sein Staunen über die Welt? Unglücklicherweise ist diese Frage leichter gestellt als beantwortet. Es gibt kein Patentrezept. Aber – so viel zum Trost – es gibt eine ganze Reihe von Dingen, die man beachten kann, um die Chancen deutlich zu erhöhen, als neugieriger, zufriedener Mensch durchs Leben zu gehen.

Drei Tipps für das Neugier-Pflänzchen

Nummer eins: Man sollte gelegentlich mal nach seinem Neugier-Pflänzchen sehen. Hat es noch grüne Blätter, braucht es vielleicht Wasser, Dünger oder einfach nur Ruhe? Es hilft, in regelmäßigen Abständen aus dem Alltagstrott herauszutreten, eine kleine Auszeit zu nehmen und die persönliche Situation zu reflektieren. Wie geht man durch den Alltag? Ist man noch neugierig und motiviert oder gibt es erste Anzeichen, dass die Routinen übermächtig geworden sind? Wer regelmäßig seine Situation überprüft und reflektiert, kann reagieren, wenn sich Warnsignale zeigen, und steht nicht eines Tages überrascht vor den vertrockneten Resten seines Lebens. Keine Angst, die Reflexion über das eigene Leben muss nicht zu einem Selbstfindungswochenende im Schweigekloster führen, eine halbe Stunde lang auf der sommerlichen Terrasse die Gedanken schweifen zu lassen kann ausreichen. Die Woche Revue passieren zu lassen, das eigene Verhalten zu reflektieren und zu hinterfragen, für sich selbst Bilanz zu ziehen:»Was war gut, was war schlecht?« … Die regelmäßige Selbstreflexion sorgt dafür, dass einem Dinge nicht einfach zustoßen, sondern man sein Leben aktiv und bewusst steuert.

Nummer zwei: Man sollte pfleglich mit sich umgehen. Niemandem ist geholfen, wenn der liebevolle Vater die ersten zehn Jahre zeitgleich in drei Elternbeiräten sitzt, das Kinderturnen leitet und das Mutter-Kind-Schwimmen zu einer Umbenennung zwingt. Niemandem ist geholfen, wenn die ehrgeizige Managerin die ersten zehn Jahre im Berufsleben die Sprinterin gibt, um die nächsten 40 Jahre ausgebrannt und auf dem Zahnfleisch kriechend Dienst nach Vorschrift zu leisten. Pfleglich mit sich umzugehen, das bedeutet vor allem – und das ist eine der wichtigsten Regeln bei der Neugier-Pflege überhaupt –, sich nicht zu überfordern. Wer dauernd erschöpft ist und über die Grenzen seiner Belastbarkeit hinaus arbeitet, der läuft im Notfallmodus, konzentriert sich nur noch darauf zu funktionieren, zu überleben. In der Beziehung, in der Familie, im Job. Für vermeintlichen Luxus wie Neugier ist dann kein Platz mehr. Genau das ist der Fehler in unserem Schulsystem, in dem die Neugier bei all den straffen Lehrplänen keinen Raum mehr findet. Das ist nicht nur in der Schule, sondern ganz allgemein ein fataler Fehler. Wer die Neugier aus Effizienzgründen aus dem Alltag wegrationalisiert, schneidet sich ins eigene Fleisch. Neugier schafft Zufriedenheit und Zufriedenheit steigert die Produktivität. So einfach ist es.

Nummer drei: Gelegentlich sollte man sich selbst zum Kind machen. Den Trott des Alltags mit den wunderbar naiven Warum-Fragen beschießen. So geht man den Dingen auf den Grund, denn die wenigsten Sachverhalte hat man tatsächlich verstanden. Ein- oder zweimal mehr nachfragen als gewöhnlich kann schon reichen, um seine Neugier mal wieder auf Trab zu bringen. Dr. Kawashimas Neugier-Jogging sozusagen. Wenn der Automechaniker erklärt, dass die Kardanwelle des VW im Eimer ist, dann sollte man einmal nicht mit einem betrübt nickenden »Aha« die Kompetenz des Mechanikers akzeptieren, sondern nachhaken. Warum ist die eigentlich kaputt? Was macht die überhaupt in dieser blöden Karre, die nun schon das dritte Mal in diesem Jahr in die Werkstatt muss? Und warum heißt dieses Ding Kardanwelle? Gab es einen Ingenieur namens Kardan? Und wo trägt man eigentlich solche Namen? Das wird den Kfz-Meister des Vertrauens ein wenig aus der Fassung bringen, aber, freundlich vorgetragen, dürfte man ein paar Antworten erhalten. Das macht man einige Jahre, dann kann man sein Auto bald selbst reparieren. Und wenn nicht, hat man sich zumindest ein paar stramme Trainingseinheiten in Sachen Neugier gegönnt. Auf Dauer das wichtigere Resultat der Bemühungen.

Neugier-Pflänzchen düngen

Schauen Sie sich die Dinge Ihres Alltags mit neugierigen Augen an. Vor Jahren saß ich fasziniert vor einem Bleistift. An dem einen Ende eine Mine zum Schreiben, an dem anderen ein Radiergummi. Solche Bleistifte kennen Sie auch.

Nichts Besonderes, gibt es im Bürofachhandel millionenfach. Warum ich so fasziniert war? Ich hab die kleine, aber feine Idee hinter dem Ding verstanden. Rund ein Jahrhundert verkaufte man Bleistifte ohne Radiergummi am anderen Ende, dann kam jemand, der neugierig und offen genug war, um festzustellen: »Jedes Mal, wenn ich was mit meinem Bleistift geschrieben habe und ich es ausradieren möchte, such ich den Radiergummi.« Mal ehrlich, das hätte jedem von uns gelingen können. Theoretisch. Praktisch wäre uns das vermutlich aber nicht gelungen, auch wenn wir im ausgehenden 18. Jahrhundert gelebt hätten. Und zwar deswegen, weil wir a) uns nicht erlauben würden, über so einen Blödsinn wie die Beschaffenheit von Bleistiften nachzudenken, und b) wenn wir es täten, uns hinterher nicht trauen würden, die Idee auch konsequent in die Tat umzusetzen.

Und wer war nun eigentlich der Erfinder des Bleistifts? Kein Schweizer, sondern ein Österreicher. 1790 hatte sich der Ärger von Joseph Hardtmuth über die schlechten Schreibutensilien dieser Zeit in der Erfindung des Bleistifts Bahn gebrochen. Er mischte Grafit mit Ton und Wachs und machte den Stift vom Luxusgut zur preiswerten Massenware. 1869 kam dann James A. Blair und setzte im wahrsten Sinne des Wortes einen drauf. Er erhielt das Patent darauf, einen Radiergummi auf einem Bleistift zu befestigen.

Und falls Sie Ihr Neugier-Pflänzchen im Bahnhof oder im Flughafen düngen möchten, bitte sehr – seit wann gibt es denn den Rollkoffer? Vor einigen Jahren war im Germanischen Nationalmuseum in Nürnberg die Ausstellung »*Rei-*

sebegleiter – mehr als nur Gepäck«, da konnte ich mein Neugier-Pflänzchen ordentlich düngen. Denn wie war es möglich, dass der Mensch das Automobil im 19. Jahrhundert erfunden hatte und den Rollkoffer erst viele Jahrzehnte später? Der eigentliche Erfinder war Bernard Sadow, Vizepräsident eines großen US-amerikanischen Kofferherstellers. 1970 wartete er mit seiner Frau an einem Flughafen in Puerto Rico an der Zollabfertigung – beladen mit zwei schweren Koffern, ohne dass irgendwo ein Träger in Sicht gewesen wäre. Er sah einen Gepäckwagen, und da war sie, die Neugier in Form der Überlegung, wie es wäre, Gepäckwagen und Koffer zu vereinen. Damit begann das goldene Zeitalter des Rollkoffers. Zu Beginn freilich hielt sich die Begeisterung dafür in Grenzen. »Niemand will sein Gepäck an einer Leine hinter sich herziehen wie einen Hund. Und überhaupt, ist das Ganze nicht eher was für Weicheier?« Denn wer Geld hatte, leistete sich Träger, und wer seine Freundin beeindrucken wollte, war Macho genug, um selbst das sperrigste Gepäck noch mit einem mühelosen Lächeln die Treppen hoch- und runterzustemmen. Es dauerte dann noch zwei Jahrzehnte, bis der Rollkoffer zum Allgemeingut wurde. Das archaische Machogehabe nahm ab, die Zahl der viel reisenden Frauen in Führungspositionen nahm stark zu. Mit einem neugierigen Blick fing es an, danach ging es um das Dranbleiben und Durchhalten. Auch wenn hier die Neugier nicht das Rad an sich neu erfunden hat – das Kofferrad schon.

Ein paar Runden Neugier-Jogging

Das Neugier-Training funktioniert nicht nur mit Sachen, sondern auch ganz wunderbar mit Menschen. Wenn die Freundin gestresst von der Arbeit kommt und über die Arbeitsbelastung, den arroganten Chef und den Schleimbeutel von Kollegen klagt, dann muss man sich nicht in ebenso pflichtschuldigen wie gedankenlosen Bestätigungen der Verdorbenheit des Menschen ergehen. Man kann auch ernsthaft über die Arroganz des Chefs sprechen, sich nach dem Verhalten des Kollegen im Detail erkundigen und gemeinsam überlegen, wie man das mit der Arbeitsbelastung in den Griff bekommen könnte.

Eine amüsante Übung, um die eigene Neugier eine Runde zum Joggen um den Block zu schicken, ist es, Sherlock Holmes oder Miss Marple zu spielen. Versuchen Sie herauszubekommen, wie der Hund des Chefs heißt, ohne den Chef direkt danach zu fragen. Oder sehen Sie sich die Bilder genau an, die Ihre Kollegen im Büro aufhängen. Familienfotos oder Urlaubsansichtskarten? Hängen da Comics oder lustige Sinnsprüche? Kunstpostkarten oder Themenkalender? Das fördert die eigene Aufmerksamkeit und das Interesse an den Menschen, die einen umgeben. Ich mache manchmal in Hotels aus Neugier einen kleinen Aufmerksamkeitstest und schreibe in das Anmeldeformular als meinen Geburtstag den Tag hinein, den wir gerade haben – natürlich mit angepasster Jahreszahl. Und dann warte ich gespannt darauf, ob mir jemand zum Geburtstag gratuliert. Bei den vielen Hotels, in denen ich übernachtet habe, was denken Sie wohl? Es war genau eine Mitarbeiterin, die offen, wach und neugierig genug war, den Anmeldezettel zu lesen und auch zu registrieren, was da steht. Und dieses Hotel ist nicht nur in dieser Hinsicht eine Klasse für sich, ein Geheimtipp (mailen Sie mir ruhig, dann verrate ich ihn gerne). Letztlich ist es bei der Neugier genauso wie beim Joggen. Es gibt unterschiedliche Veranlagungen – der eine ist mehr, der andere weniger talentiert –, aber Training hilft in jedem Fall, seine Fähigkeiten zu verbessern. Beim Laufen genauso wie beim Neugierigsein. Der Schwierigkeitsgrad des Neugierigkeitsspiels lässt sich ohne Probleme ins Unermessliche steigern. Wer kennt schon den Lebenslauf des Hundes der Metzgereifachverkäuferin …?

Die vier Stadien bis zum Ziel

Die Neugier zu trainieren ist das eine, sie vor Gefahren zu schützen das andere. Dabei hilft die Erkenntnis, dass die Ernüchterung der nächste logische Schritt ist, der auf die große Neugier-Phase am Anfang einer Sache folgt. Der normale Prozess eines Projekts oder einer Bemühung läuft in **vier Stadien** ab, deren Enden sich wie in einer Schleife berühren. Im Idealfall sollte eine Art Endlos-Neugier-Schleife dafür sorgen, dass stets ordentlich Bewegung in unserem Leben ist.

Am Anfang, dem **ersten Stadium**, steht die Neugier. Sie ist das auslösende Moment, ohne das gar nichts geht. Die Neugier macht uns munter, schickt uns auf die Reise zu neuen Ufern und gibt uns erst die Kraft, die Mühen manch beschwerlicher Reise auf uns zu nehmen. Die Neugier ist so eine Art Turbo-Booster, der uns den entscheidenden Anfangsschubser in all die Abenteuer und Fortschritte unseres Lebens gibt. Die Neugier verteilt allerdings auch gerne Vorschlusslorbeeren – will heißen: Hinterher ist das alles gar nicht mehr ganz so spannend, wie man sich das vorher ausgemalt hatte.

Das ist **Stadium zwei** der Neugier-Schleife: die Ernüchterung. In ihr bezahlt man die emotionalen Schulden dafür, dass der Anfang mit so viel Schwung begonnen werden konnte.

In der Phase der Ernüchterung ist Bestandsaufnahme angesagt. Will ich das wirklich, worum ich mich da gerade bemühe? Sind meine Kräfte in diese Sache richtig investiert? Muss ich meine Energie vielleicht auf bestimmte Projekte konzentrieren? Viele Vorsätze, viele Anstrengungen, viele Ideen geraten in dieser Phase ins Stocken und werden auf Nimmerwiedersehen beerdigt. Wer allerdings trotz der Ernüchterung zu dem Ergebnis kommt, dass sich die Mühen lohnen, der gelangt einen Schritt weiter.

Stadium drei ist die Phase der Ausdauer. Das Projekt hat seinen Zauber verloren, es ist einem inzwischen bewusst, dass es sich um harte Arbeit handelt. Weil man die Ernüchterung bereits überstanden hat und alle naiven Träumereien, die sich zu Anfang um das Projekt gesponnen hatten, längst ad acta gelegt sind, kann man nun die Zähne zusammenbeißen und beharrlich weitermachen. Zumal man den sich anbahnenden Erfolg schon fast riechen kann.

Der ist **Stadium vier** und die Belohnung für die beiden vorangegangenen Quälphasen. Das heißt auch, dass der Erfolg nun in vollen Zügen genossen und neue Kraft getankt werden muss. Dass das gar nicht so einfach ist, wie man zunächst glaubt, werden wir an anderer Stelle noch sehen. Aber selbst wenn es klappt: Das Ausruhen auf dem Erfolg wird eines Tages langweilig. Denn Dauerfreuen macht keinen Spaß und so verspürt man von selbst bald den Drang, sich wieder auf den Weg zu machen, neue Herausforderungen anzugehen. Ist alles in Ordnung, bekommt unsere Neugier-Endlos-Schleife jetzt ihre Vollendung. Die Unruhe wächst, die Nerven sind gespannt und bald kommt eine Sache um die Ecke, die einen brennend interessiert und in die man sich mit Haut und Haaren stürzt. Eine neue Schleife nimmt ihren Lauf.

So sieht das im Idealfall aus. Der ist allerdings häufig nicht deckungsgleich mit der Realität. In diesem Buch werden Sie noch an vielen Stellen auf Menschen und Projekte treffen, die in einer dieser vier Phasen stecken geblieben sind. Das führt dann zu jeweils eigenen Problemkonstellationen, die sich allesamt irgendwie auch wieder auflösen lassen, wenn man das wirklich will. Die Ausgangsbasis für jedes Ziel ist die Neugier. Denn ohne Neugier kommt nichts wirklich in Bewegung. Da kann der Motor noch so viel PS haben, wenn die Batterie leer ist, bleibt der Wagen stehen.

Und wie erhält man seine Neugier? Indem man sie erst gar nicht verliert und sich ständig in dieser Fähigkeit übt. In diesem Sinne: Bleiben Sie neugierig, staunen und spielen Sie. Ihr Körper, Ihre Psyche, Ihre Familie, Ihre Freunde und Ihr Arbeitgeber werden es Ihnen danken.

Und wie macht man Frauen neugierig? Einer meiner Lieblingswitze gibt dazu folgenden Rat:

»Frau Müller, wissen Sie eigentlich, wie man Frauen neugierig macht?«

»Nein – wie denn?«

»Ich erzähl's Ihnen morgen!«

3

Raus aus dem Jammersumpf

Jammerjodel-Diplome zu vergeben

Sümpfe sind der modernen Welt ein Gräuel. Was soll man anfangen mit all dem Schlamm und Morast, dem brackigen Wasser, durch das sich vielerlei Getier schlängelt? Keinem Haus bietet es Halt, keiner Autobahn sicheren Grund, keinem Golfplatz Kulisse und keiner Frucht Nahrung. Die torfigen Wasserarme sind mit ihren verendeten Baumgerippen eine ausgesprochen depressive Portion geballter Natur. Aus Sicht der Menschheit sprächen so betrachtet ein paar gute Gründe dafür, den Sümpfen, Mooren und Feuchtwiesen dieser Welt das Wasser abzulassen.

Ein weiterer Schritt der Entzauberung der Welt, wie Max Weber sagen würde. Dinge, die keinen geldwerten Zweck erfüllen, müssen weichen oder in einen solchen Zweck überführt werden – sonst sind sie nutzlos und das heißt beim *Homo oeconomicus* dann eben schnell auch: überflüssig. Zweckrationalität nennt man diesen Blick auf die Welt. Die Zweckrationalität hat die Moderne geprägt und die

Menschheit hat es damit weit gebracht. Steigende Lebenserwartung, wachsende Weltbevölkerung, der Sieg über schreckliche Krankheiten, ungeahnter Luxus für die breite Masse (zumindest in der westlichen Welt).

Allerdings hat diese Entwicklung auch etwas gekostet. Ökologisch – aber das ist nicht das Thema dieses Buches. Sozial – und das ist zumindest ein bisschen das Thema dieses Buches. Denn während die real existierenden Feuchtgebiete dieser Welt trocken gelegt wurden, vergrößerte im Gleichschritt ein emotionales Biotop Jahr um Jahr sein Einzugsgebiet und hat es bei uns inzwischen zu beängstigender Größe gebracht. Der Jammersumpf, der diesem Buch seinen Titel beschert hat. Dabei handelt es sich nicht um ein natürliches, sondern um ein explizit menschengemachtes Phänomen. Dieses emotionale Biotop besteht aus Wehklagen, Enttäuschung, Verdruss, Resignation und Jammerjodlern.

Der Jammersumpf ist keine Fangopackung

Um sich ein Bild dieses Jammersumpfes zu machen, muss man sich einiger Hilfsmittel bedienen. Wie könnte man ihn sich passend vorstellen? Am besten nimmt man den Nebel aus einer Edgar-Wallace-Verfilmung aus den 1960er-Jahren, gibt recht viel von dem Moor aus dem Sherlock-Holmes-Klassiker *Der Hund von Baskerville* hinzu und fügt am Ende noch die brodelnden Schlammtöpfe der Solfataren aus Island dazu. Das Ganze wird gut geschüttelt, ordentlich gerührt und mit ein paar mitternächtlichen Kauzrufen abgeschmeckt. Fertig ist der Jammersumpf!

Man braucht nicht lange, um festzustellen, dass das scheinbar ein extrem ungemütlicher Ort ist. Wer sollte hier freiwillig bleiben wollen? Viele, sehr viele, zu viele, lautet die Antwort. Und zwar deswegen, weil sie Opfer einer fatalen Fehleinschätzung werden. Die Menschen, die im Jammersumpf ihr Lager aufschlagen, sind frustriert, enttäuscht und glauben, sie seien zu kurz gekommen. In ihrer emotionalen Verzweiflung verwechseln sie den Jammersumpf mit einer Fangopackung. Die einzige kuschelig warme Quelle in dieser kalten Welt, in dieser unausweichlichen Realität, der man nicht entfliehen kann, finden sie bei der Gemeinschaft der Klagenden, die sich im Schlammbad des vereinten Jammers wärmt. Dabei irren diese Menschen in zwei entscheidenden Punkten.

Erstens: Der Jammersumpf ist nicht die Welt, er ist ein Teil davon, den man jederzeit aus eigener Kraft verlassen kann. **Zweitens:** Die Frustrierten selbst bewässern den Jammersumpf, sie speisen ihn mit ihrem Verdruss, ihrem Leiden an der Welt, und sorgen so dafür, dass er überhaupt existiert. Ein Teufelskreis, in dem Jammer neuen Jammer gebiert. So lange, bis der Jammer wirklich gerechtfertigt ist, weil es absolut scheußlich ist in diesem Sumpf.

Auch und erst recht in der Verzweiflung gilt: Zusammen ist man weniger allein, und so wird eben gemeinsam geschimpft und gejammerjodelt. Über den Chef, der ein arroganter Schnösel ist. Über die Kollegen, die wahlweise vom Ehrgeiz zerfressen oder völlig unfähig sind. Über die Politik, deren Personal man am besten gleich geschlossen in die nächste JVA überführen sollte. Über idiotische Autofahrer, die ihren Führerschein in der Lotterie gewonnen haben.

Das ist gerechte Empörung. Das geht natürlich auch mit Jammerjodlern über die Kinder, deren Undankbarkeit einfach nur dreist ist. Und **das** Thema, bei dem so manche Frauenrunde zu Jodelhochform aufläuft, ist der Partner. »Mensch, wie ich meinen Mann kennengelernt hab, da hab ich mich doch glatt in seine funkelnden Augen verliebt, erst später hab ich gemerkt, dass die Sonne durch seinen hohlen Kopf scheint«, heißt es dann. Beschwert wird sich über alles, was nicht bei drei auf den Bäumen ist. Alles Deppen, alles könnte man besser, nur dürfen darf man nie nicht. Und zwar deswegen, weil überall nur Deppen sitzen, die gar nicht in der Lage sind, die eigenen Fähigkeiten auch nur im Ansatz zu erkennen. So schließt sich der fatale Teufelskreis aus Sicht der Jammersümpfler.

Im Jammersumpf Campingstühle aufstellen

Die Menschen im Jammersumpf halten sich für Zu-kurz-Gekommene. Sie haben schließlich die Schwächen und Fehler der anderen erkannt. Für eine Steuerreform bräuchten sie nicht mal einen Bierdeckel, verheiratet wären sie am glücklichsten mit sich selbst und natürlich hätten sie den Ball reingemacht, den Mario Gómez im Fernsehen gerade aus drei Metern übers Tor geschaufelt hat. Aber: Sie fragt ja keiner und machen lässt Sie erst recht niemand. Irgendwann wird sich nicht mehr nur über den Alltag beschwert, sondern das Beschweren wird zum Alltag. Ein fataler Punkt. Spätestens jetzt ist es so weit: Es geht nicht mehr um das Lösen von Problemen, es geht nur noch darum, sich zu empören. Das Jammern ist Selbstzweck geworden und schuld sind immer die anderen – Zeit für das Jammerjodeldiplom.

Ich bin zu gut für diese Welt

Das Problem ist: Der Jammersumpf hilft. Nicht auf lange Sicht, aber kurzfristig verschafft er Linderung. Und deswegen übt er eine solche Anziehungskraft aus. Das Jammern ist wie der schnelle Schluck aus der Pulle. Es verbreitet eine wohltuende innere Wärme und es hilft dabei, die Probleme als unveränderlichen Teil der Realität darzustellen. Das hat befreiende Wirkung. Man kann auf diese Weise seinem Ärger Luft machen und gemeinsam mit Gleichgesinnten schimpft es sich viel enthemmter über die Verdorbenheit der Welt. Im Kreis der jammernden Kollegen versichert man sich gegenseitig seiner Heldenhaftigkeit, angesichts katastrophaler Umstände trotzdem seine Frau, seinen Mann zu stehen. Man findet die Wärme, die Anerkennung, die man zuvor vermisst hat.

Jammerjodeln hat auch eine entlastende Wirkung. Die Welt ist schuld an all den Dingen, die man sich erträumt und die man dann doch nicht geschafft hat. Von einer glücklichen Ehe über den Aufstieg im Beruf bis hin zum gescheiterten Bandprojekt. Alles die anderen, deren Fehler und Unzulänglichkeiten man überdeutlich zu erkennen glaubt. »Ich bin zu gut für diese Welt« oder die Welt ist wahlweise zu schlecht für einen selbst. Das Entscheidende ist, dass die Jammersümpfler es aufgegeben haben, ihre Träume zu verwirklichen, ihre Wünsche befriedigen zu wollen. Geht ja auch nicht, weil überall nur Deppen sitzen, die einem Steine in den Weg legen – ob aus Bösartigkeit oder Unfähigkeit. Das ist für viele die willkommene Entschuldigung, mitten im Jammersumpf den Campingstuhl aufzustellen, sich zurückzulehnen und Gott einen bösen Mann sein zu lassen. »Hat ja ohnehin keinen Sinn«, ist die mal mehr, mal weniger offen ausgesprochene Glaubensüberzeugung dieser Menschen. Und dann kann man es auch guten Gewissens bleiben lassen und sich im Selbstmitleid suhlen.

Jammern ändert nichts

Und ist das alles nun so schlimm? Wenn es den Leuten doch gut geht? Wenn das Jammern doch zumindest kurzfristig hilft, die Menschen ein wenig erleichtert? Ja, es ist schlimm. Weil es an der belastenden Situation nichts ändert, ja diese sogar verfestigt. Langfristig schadet es einem Menschen massiv, wenn er es sich im Jammersumpf bequem gemacht hat. Der Aufenthalt kostet Kraft, Zeit und führt nirgendwohin. Zufriedenheit gibt es im Jammersumpf nicht. Das Selbstmitleid ist allenfalls ein Betäubungsmittel gegen die nagende Traurigkeit. Den Jammersumpf als Therapie für Enttäuschte zu empfehlen, wäre in etwa so wie Depressiven den Konsum von Alkohol zu empfehlen, damit sie es zumindest zwischendurch ein bisschen nett haben. Von schottischem Single-Malt auf ärztliches Rezept hat man bisher allerdings noch nichts gehört.

Den Jammersumpf gibt es natürlich in unterschiedlichen Ausprägungen. Von kleinen Sumpflöchern, tolerierbaren Sümpfchen bis zu ganze Gesellschaften bedrohenden

Sumpf-Giganten. Sie unterscheiden sich in Größe und Tiefe, aber auch in ihren Themen. Vom neckischen Jammerjodler über die Unzulänglichkeiten des Partners über das bisweilen bösartige Politiker-Bashing bis zu teils menschenverachtenden Shitstorms im Internet und nicht zu vergessen dem Jammern als Geschäftsgrundlage.

Jammern gehört zum Geschäft

In meiner fränkischen Heimat gibt es in der Gegend um Bamberg und Nürnberg sandige Böden, und die eignen sich hervorragend zum Meerrettichanbau – und zwar schon seit Karl dem Großen. 1930 wurde hier weltweit der meiste Meerrettich angebaut. Der Meerrettich, oder auf Fränkisch Kren oder Kree, wurde noch bis in die 1960er-Jahre von den Krenweibla von Haus zu Haus verkauft. Die standen am Dreikönigstag mit ihren vollgepackten Körben auf dem Rücken an den fränkischen Bahnhöfen und machten sich auf in die Welt – nach Hamburg, Stuttgart oder München. Saukalt war es meistens und eine Knochenarbeit, die vollen Körbe von Haus zu Haus zu schleppen. In den Städten hatten die Krenweibla ihre Stammlokale, wo sie sich am Sonntagmittag bei Schweinebraten und Klöß gestärkt haben, und dabei wurde eifrig gejammert. »Des Wetter war so schlecht«, »Ich hab fast nix verkauft«, »Bei mir hat der Kren im Glas ned gelangt«, »Bei mir haben die Stangen ned gereicht«, »Ich sag ja immer, des G'schäft läuft nimmer so gut wie früher«.

Und so weiter und so fort. Es hat bei den Krenweibla zum guten Ton gehört zu jammern. Untereinander und gegenüber der Kundschaft. Wer nicht jammerte, machte sich verdächtig. Es waren nicht mehr Unzufriedene und Jammerlieseln unter den Krenweibla als im Rest der Bevölkerung, aber wenn es alle machten, dann machte man eben mit. Also stimmte man den gemeinsamen Jammerjodler-Nix-verkauft-Dulihö an. Jodeln ist Singen ohne Text und auch beim Jammerjodler geht es nicht um den Inhalt, sondern um das Jammern an sich. Dabei gibt es verschiedene Jodelkategorien: etwa das Alle-sind-so-gemein-Holaria oder den Niemand-erkennt-mein-Genie-Holadjo. Der ursprüngliche Sinn des Jodelns lag in der Alpenwelt darin, möglichst weit gehört zu werden. Und das gelingt am besten mit den höchsten Tönen von den höchsten Gipfeln. Hier gibt es eine weitere Parallele zum Jammerjodler: Auch da sollen die anderen nämlich mitbekommen, dass alles schrecklich ist. Ein leise gewispertes »Ach, wie schrecklich!« macht diesbezüglich einfach nichts her, einen kraftvollen Jammerjodler mit ein paar kunstvollen Verzierungen hört dagegen jeder.

Mit Verantwortung genießen

Nun kann man sich mit viel Vergnügen über das Jammern der anderen lustig machen, aber nie vergessen darf man, dass ein bisschen von der Freude am Jammern in jedem von uns steckt. Genauso wie die meisten Menschen gegen ein gutes Glas Wein oder Bier bei einer passenden Gelegenheit nichts auszusetzen haben, schätzen sie auch das eine oder andere Schlückchen aus der Jammerpulle. Dabei allerdings ist Vorsicht angebracht. »Mit Verantwortung genießen« steht mittlerweile auf den Etiketten vieler alkoholischer Getränke. Schilder mit dieser Warnung sollten auch vor jedem noch so kleinen Jammersümpfchen in den morastigen Boden gerammt werden. Denn auch beim Jammern gilt: Die Gefahr der Abhängigkeit fängt ziemlich früh an.

Jammern im Beruf

Schauen wir uns doch mal ein kleines, auf den ersten Blick eher harmloses Jammersümpfchen an. Wo finden wir das am verlässlichsten? In den Kaffeeecken und Kantinen dieser Welt. Dort gehört es zu den gemeinschaftsstiftenden Erlebnissen, dass die da drinnen über die da draußen schimpfen. Über die Chefetage, das schlechte Gehalt, die miesen Arbeitsbedingungen, die anderen Abteilungen … Der Innendienst über den Außendienst, der Verkauf über die Produktion, die Professorinnen über die Studenten, die Lehrer über ihre Schüler, die Pfleger über die Patienten … Und natürlich umgekehrt – je nachdem, in welche Kaffeeecke man geraten ist. Bei all dem Gejammer über organisatorische Unzulänglichkeiten und persönliche Unfähigkeiten verfestigt sich bald der Eindruck, dass es Gerechtigkeit diesseits der Grabplatte nicht zu geben scheint. Bis zu einem gewissen Grad ist das der Welten Gang und man sollte mit seinem Aufstand gegen die Jammerei in diesem Umfeld nicht allzu forsch beginnen. Das kann schnell ins Auge gehen, aber dazu später mehr. Sehen wir uns den Jammersumpf und seine Geschichte erst mal in Ruhe an.

Er ist das nachvollziehbare Resultat einer zutiefst menschlichen Erfahrung: der Ernüchterung. Die ist, wie wir schon festgestellt haben, ein unvermeidbarer Bestandteil eines aktiven Lebens. Es kann eben nicht 365 Tage im Jahr Weihnachten sein, und wäre das doch der Fall, würde es sich nicht mehr um das handeln, was wir Weihnachten nennen. Die Felder, auf denen man im Laufe seines Lebens Enttäuschungen sammeln kann, sind zahlreich. Beziehung, Familie, Freundschaft, Beruf, Karriere, Gesellschaft … Und so gibt es nicht nur unterschiedlich große Jammersümpfe, sie unterscheiden sich auch thematisch, sozusagen nach dem Wasserzulauf, der sie speist. Am beständigsten staut sich die Nässe sicher in den Feldern Beziehung und Beruf. Und das lässt sich auch erklären.

Ein gesunder Mensch malt sich seinen Start ins Berufsleben gerne bunt aus. Er hatte ja Gründe, dass er oder sie sich gerade für den Job als – sagen wir Altenpfleger – entschieden hat. Während der Ausbildung sah man sich die in Würde ergrauten Senioren liebevoll in ihren letzten Jahren begleiten. Im Kopf entstanden warm getönte Bilder von Spaziergängen durch herbstliche Wälder, dabei führte man tiefsinnige Gespräche über das Leben und schloss Freundschaften. Das alles ähnelte in verblüffender Weise den Bildwelten, derer sich Pflegeversicherungen und Seniorenresidenzen bei der Bewerbung ihrer Angebote bedienen. Und die wissen genau, auf welche Knöpfe sie drücken müssen, um das Kopfkino in Schwung zu bringen.

Ravioli, Burger und die Realität

Nun kommen wir zu einer weiteren Grundbedingung menschlicher Existenz: das Ravioli-Phänomen. Jeder kennt die Fotografien, die auf Ravioli-Dosen abgebildet sind, oder mit denen Fast-Food-Restaurants für ihre Menüs werben. Und jeder weiß, dass sich die Realitäten, die hinterher auf dem Teller landen, doch erheblich von diesen Bildern unterscheiden. Die Menschheit hat gelernt, mit diesem Widerspruch zu leben. Keiner erwartet ernsthaft, dass der Big-Double-Ham-Bacon-Cheese-Onion-Supreme so ausschaut, wie er einem als Bild verkauft wird. Oder die Ravioli dem Serviervorschlagsbild gemäß. Tatsächlich wären die meisten Menschen höchst verstört, wenn sie ein getreues Abbild des Werbefotos auf dem Teller wiederfänden. Und sie hätten einigen Grund dazu, denn es würde sich dann vermutlich um einen mit Haarspray überzogenen Plastik-Burger handeln. Echtes Essen fotografiert sich einfach schlecht, deshalb greifen die Food-Stylisten dieser Welt lieber auf künstliche Nachahmungen zurück.

Im Fall unserer idealisierenden Vorstellungen von der persönlichen Zukunft machen wir das im Grunde nicht anders. Hier handelt es sich sozusagen um künstliche »Vorahmungen«, die wir uns von der Zukunft machen, um den Mut und die Kraft zu finden für den nächsten Schritt auf unserem Lebensweg. Wir starten eine Werbekampagne für die Entscheidung, die wir getroffen haben. Ob es der Beruf ist – von dem wir uns ein Hoffnungsbild erschaffen – oder die Beziehung, an die wir Erwartungen stellen.

Mit der Realität haben diese Vorstellungen oft nur wenig zu tun, wie wir hinterher feststellen, aber Zuversicht fühlt sich eben einfach besser an und vor allem: Sie motiviert uns. Und so kaufen wir die Ravioli oder den Burger. Und so wählen wir einen Beruf und einen Partner – trotz der großen Unsicherheiten und Unwägbarkeiten, die damit einhergehen. Der Mechanismus funktioniert und es wäre auch nichts gewonnen, wenn man sich die persönliche Zukunft stets unter den pessimistischsten Vorzeichen ausmalen würde, nur um hinterher nicht enttäuscht werden zu können. Das wäre das Prinzip Dönerbude. Deren Werbefotos für ihr kulinarisches Angebot sehen in aller Regel deutlich schlimmer aus als das, was hinterher auf den Teller oder in das Fladenbrot kommt. Durchgesetzt hat sich dieses Prinzip allerdings nicht. Es gibt keine Agentur für negative Werbung, die dafür sorgt, dass die Kundschaft möglichst wenig von einem Produkt erwartet. Das Problem in Bezug auf das Ravioli-Prinzip ist allerdings, dass man – im Unterschied zu Fast-Food-Restaurants – seiner eigenen Werbung tatsächlich glaubt. Die Enttäuschung ist hinterher umso größer und sie stellt sich als wesentlich schlechter verdaulich heraus als ein mieses Mittagessen.

»Ich rette ja gar nicht die Welt!«

Zurück zu unserem Altenpfleger. Er hatte für sich beschlossen, die Welt ein klein bisschen netter zu machen mit dem Job, der die nächsten Jahrzehnte sein Broterwerb sein sollte. Möglicherweise hielt er seinen Job auch nur für ein kleines Rädchen im großen Getriebe der Welt. Aber immerhin, er versprach sich nicht nur Gelderwerb, sondern auch einen gewissen Sinn von seiner Tätigkeit. So startete der junge Mann voller Elan und Energie, beflügelt von einer Neugier auf die Dinge in sein Berufsleben. Bereit, Bäume, ja wenn es sein muss, Wälder auszureißen. Und dann kommt der Alltag um die Ecke und grinst schief. »Das ist ja ein ganz normaler Job, den ich da habe«, stellt der elanvolle Idealist bald fest. »Ich rette ja gar nicht jeden Tag die Welt, den Job hat schon Bruce Willis.«

Bleiben wir bei den sozialen Berufen, dort ist der Enthusiasmus und der Wille, die Welt zu verändern, besonders groß. Und damit die Fallhöhe besonders dramatisch. Bald stellt unser engagierter Altenpfleger fest, dass beileibe nicht alle Senioren im Pflegeheim in Würde ergraut sind. Bloß weil sie Hilfe brauchen, sind Senioren nicht die netteren Menschen. Manche waren schon immer gehässig, manche sind es im Altenheim geworden. Aus Angst, Verunsicherung oder Frust über den eigenen Verfall. An herbstliche Spaziergänge im Wald ist nicht zu denken. Weil die Betreuten gelähmt im Rollstuhl hängen und der nächste Wald eine Stunde entfernt ist.

Und selbst wenn unser junger Altenpfleger auf eine Dame träfe, die sich jedermann als Oma wünschen würde und die in ihrer Freizeit für die Werbekampagnen von Pflegeversicherungen und Seniorenresidenzen fotografiert wird: Aus den ausgedehnten Herbstspaziergängen wird auch dann nichts werden. Im Alltag eines Pflegeheims ist das nicht drin. Das kostet Zeit und Zeit ist Geld und Geld ist knapp und deswegen auch Zeit. Zwischen Dokumentation, Waschen der Patienten, Beschäftigungstherapie, Medikamen-

tengabe, der Versorgung mit Essen und Trinken, Übergabe
und Teambesprechungen ist nicht viel Luft – nicht mal für
lange und vor allem ernsthafte Gespräche, die sich viele
Heimbewohner so dringend wünschen.

Und schon schmelzen sie dahin, die hehren Ziele, die
man sich in Unkenntnis der Realität vorab gesetzt hatte.
Wie Eis unter der sengenden Wüstensonne. Der Job gibt
einem nicht das, was man sich von ihm erwartet hatte. Neben einem Gehaltsscheck am Ende des Monats hatte man
sich auch Zufriedenheit, Sinn und Glück von der täglichen
Beschäftigung versprochen. Immerhin verbringt man dort
einen nicht zu unterschätzenden Teil seiner Lebenszeit.
Wer von 18 bis 65 schafft, war am Ende seines Lebens runde
zehn Jahre am Stück auf der Arbeit. Das erträgt nur schwer,
wer die Arbeit als sinnentleerte Zumutung empfindet.
Manchmal aber ist sie das. Jeder Job hat seine harten Seiten,
seine Frustrationen, seine sinnlosen Momente. Das gilt es
zu verkraften. Erschwerend kommen noch die ganz normalen Probleme eines Arbeitsverhältnisses hinzu. Zänki-
sche Kunden, überehrgeizige oder eifersüchtige Kollegen
und ein Vorgesetzter, der jeden Fehler tadelt, aber nie ein
Lob ausspricht.

Die Arbeitswelt ist nicht der Ponyhof, den man sich gedanklich in bunten Farben ausgemalt hatte. Und diese Erkenntnis verbindet sich, kombiniert mit den alltäglichen
Enttäuschungen, zu einem hartleibigen, großen Knoten
Frust, der, einmal gewachsen, einfach nicht mehr wegge-
hen will. Das emotionale Tal, das sich nun auftut, ist umso
tiefer, je größer vorher die Begeisterung, der Idealismus,

die Neugier waren. Wir befinden uns an einer der entscheidenden Quellen des Jammersumpfes. Denn: Weiß man nicht mit der Ernüchterung umzugehen, kann aus ihr eine handfeste und hartnäckige Frustration werden. Dann hört man den Jammersumpf schon freudig schmatzen, denn ein neuer Bewohner kündigt sich an.

Jammern und Klagen sind nicht dasselbe

Das soll hier kein Plädoyer dafür sein, alle Zumutungen klaglos über sich ergehen zu lassen. Ganz im Gegenteil. Wer mit Motivation und Spaß bei der Sache ist, der muss sich manchmal ereifern, und wer schlecht behandelt wird, sollte das nicht in stiller Demut hinnehmen. Der entscheidende Unterschied ist derjenige zwischen dem Jammern und dem Klagen.

In der Kaffeeecke des Betriebs sitzen junge Frauen am Tisch und haben es sich mit Tee und Käsebrötchen gemütlich gemacht. Die eine erzählt gerade von den Schwierigkeiten bei der Präsentation ihres letzten Berichtes: » … dann fiel mein gesamtes Manuskript zu Boden und ich musste vor versammelter Mannschaft auf den Boden kriechen und meine Blätter wieder in die richtige Reihenfolge bringen. Also, wenn meine Hände vorher noch nicht gezittert haben, danach haben sie so gezittert, dass es der Letzte im Raum sehen konnte.« – »Ich kann dich gut verstehen, bei einer meiner ersten Präsentationen habe ich vorher nicht geprüft, ob der Beamer funktioniert. Und was ist passiert? Hat er natürlich nicht«, erzählt ihre Kollegin. »Aber weißt du, das Schlimmste ist für mich, wenn ich mir dann auch noch die unhöflichen Kommentare unseres Chefs anhören muss.« Elke richtet sich auf: »So wie bei der Besprechung meines Berichts. Kein Lob. Und die Kritik: in zwei Sätzen an den Kopf geworfen«, sagt sie kopfschüttelnd. »Und mir zu sagen: ›Ihre Stimme wird schnippisch‹, das geht gar nicht.« – »Oh, ja, ich weiß, was du meinst«, kommt die schnelle Erwiderung. »Aber das scheint eine Spezialität von ihm zu sein, oder denkst du, ich hätte schon mal ein Lob bekommen? Übrigens, ich fand die Gestaltung deines Berichts sehr gut.« – »Oh, danke«, lächelt da die junge Frau: »Und wenn du mit deinem Bericht dran bist, dann machst du deine Sache sicher super.«

Reden hilft

Klagen ist ein Gesprächsritual, bei dem dadurch Gemeinsamkeit hergestellt wird, dass man sich gegenseitig bedauert. Beim Klagen wird die Nähe zur anderen Personen getestet, nicht die böse Welt als Schuldige benannt. Wird das Klagen erwidert, dann funktioniert das Ritual und eine gemeinsame Gesprächsbasis und Beziehung sind hergestellt. Für viele Frauen bedeutet klagen, durch die Blume den Wunsch nach Nähe und Gemeinsamkeit zu äußern. Es bedeutet nicht, Problemlösungen zu vermeiden. »Ich wollte es nur erzählen, du sollst nichts unternehmen, das mach ich dann schon selbst« ist einer der Sätze, die zeigen, dass dieser Nähewunsch hinter dem Klageritual nicht erkannt wurde. Wenn Frauen unter sich sind, funktioniert das oft hervorragend. Eine erzählt von ihren Schwierigkeiten, die Gesprächspartnerin reagiert mit ähnlichen Erzählungen. Damit wird klargestellt, dass beide ganz normale Menschen sind, nichts Besonderes, denn beide haben Schwierigkeiten und machen nicht alles perfekt. Gemeinsames Klagen verbindet ungemein und schafft die gewünschte Nähe: »Sie versteht mich. Sie weiß, um was es geht.« Männer nehmen Klagen dagegen zumeist wörtlich und wollen daraus einen konkreten Plan ableiten, wie die Probleme aus dem Weg zu räumen sind. Mit Männersätzen wie »Was reden denn die um den heißen Brei herum? Ändert lieber etwas!« wird der Wunsch nach Zuwendung, der hinter dem Klagen steckt, nicht erkannt. Die Lösung kommt nach dem Klagen, denn wer klagt, bleibt nicht im Jammersumpf stecken, sondern bewegt sich Schritt für Schritt weiter – aber durch das Klagen mit einem besseren Gefühl.

Ritualisierte Klageformen

In einer Untersuchung der Universität Hamburg wurde gefragt: »Was hat Ihnen bei der Trennung von ihrem Partner geholfen?« 73 Prozent sagten: »Gespräche mit Freunden und Bekannten.« Bei der Bewältigung existenzieller Lebenskrisen gaben 63 Prozent der Befragen an, dass Gespräche hilfreich waren. Auf die Frage »Was fördert sorgenvolles belastendes Grübeln und negative Gedanken?« meinten 31 Prozent: »Wenn ich mit niemanden reden kann, wenn ich allein bin.«

Ganz offenbar sind Kontakte zu Vertrauten an entscheidenden Wendepunkten des Lebens also von großer Bedeutung. Genau diese Kontakte und Beziehungen können durch das rituelle Klagen hergestellt werden. Wer bei Krisen einen Gesprächspartner findet, dem er sein Herz ausschütten kann, fühlt sich ernst genommen, vom anderen verstanden, sieht seine Lage klarer und wird zuversichtlicher. Das funktioniert beim Klagen allerdings nur, wenn der andere aufmerksam zuhört, ohne zu bewerten. Es braucht also einen offenen, sprich neugierigen, Gesprächspartner.

Auf die Schnelle lassen sich Klagen und Jammern manchmal schwer unterscheiden. Beide äußern sich über eine unbefriedigende Situation, beide erzählen Trauriges oder Unerfreuliches. Im Unterschied zum Jammern verfolgt das Klagen aber ein Ziel. Es ist lösungsorientiert und übrigens ein ziemlich bewährtes System, seiner Enttäuschung Luft zu machen und dann an der Ausmerzung ihrer Ursachen zu arbeiten. Nicht umsonst gibt es in fast allen Weltreligionen ritualisierte Möglichkeiten zum Klagen. »Ich erzähle dir meine Sorgen, aber lösen tu ich sie alleine« ist das Prinzip des Klagens. Das Prinzip des Jammerns läuft auf ein gänzlich anderes Motto hinaus: »Ich bin so arm dran, dabei bin ich ein so toller Hecht.« Außerdem ist das Jammern wesentlich beständiger als die Klage. Vorjammern kann man seinen Mitmenschen jahrzehntelang von dem immer gleichen Problem. Und den Unterschied kann man meistens auch spüren. Wenn jemand klagt, dann fühlen wir mit diesem Menschen. Wenn jemand jammert, geht uns das spätestens bei der fünften Jammersumpf-Runde tierisch auf die Nerven.

Wir haben den Jammersumpf als ebenso schrecklichen wie verführerischen Ort kennengelernt, dessen Grenzen man nicht überschreiten sollte. Der einfachste Weg, ihm zu entgehen, ist es, ihn gar nicht erst zu betreten. Aber wie geht das? Entscheidend ist die Einsicht, dass Ernüchterung zum Leben gehört. Wer das begriffen hat, der verkraftet es leichter, wenn nicht alle Hoffnungen, die er mit seiner Arbeit verbindet, sofort in Erfüllung gehen. Ernüchterung ist, wie Regenwetter, nichts, worüber man sich freut, aber etwas, das es zu akzeptieren gilt, weil es immer wiederkommt. Da kann man sich noch sehr wünschen, dass der Sommer ewig dauert.

Wer bereits im Morast des Jammersumpfes steckt, sollte tunlichst aufhören, wütend vor sich hin zu strampeln. Das führt nur dazu, dass man noch tiefer versinkt. Stattdessen sollte man sehen, wie man festen Boden unter die Füße bekommt und Land gewinnt. Allerdings muss man sich schon wie einst Baron von Münchhausen an den eigenen Haaren aus dem Sumpf ziehen. Etwa indem man nicht das leuchtende Ideal seiner Wünsche gegen den grauen Arbeitsalltag stellt, sondern die kleinen Erfolge des Tages für sich selbst wertschätzt. Denn jeden Tag laufen nicht nur Dinge schief, sondern es klappt auch so manches. Es gilt das Prinzip: Wenn einem der Sumpf bis zum Mund steht, darf man den Kopf nicht hängen lassen.

Schlechte Erfahrungen merkt man sich

Leider hat uns die Evolution hier eine etwas unangenehme Eigenschaft mit auf den Weg gegeben. Der Mensch erinnert sich viel stärker, länger und intensiver an unangenehme Ereignisse, als er sich von angenehmen verzücken lässt. Für die Entwicklung der Menschheit war das von entscheidender Bedeutung. Es gab nicht so viele Möglichkeiten, aus der Begegnung mit einem Säbelzahntiger zu lernen. Wer das Glück hatte, die erste zu überleben, musste sehen, dass es zu keiner zweiten mehr kam. Wem das nicht gelang, wer das zähnefletschende Raubtier auch das nächste Mal übersah, weil er gerade zwei Schmetterlingen beim Tollen in den Strahlen der Frühlingssonne zusah, dessen Gene gingen verloren.

Und so setzten sich die »Negativ-Schnell-Lerner« durch, diejenigen, die sich schlechte Erlebnisse besonders zu Herzen nahmen und aus ihnen schlau wurden. Noch heute hat die Bevorzugung des negativen Erlebnisses seine Vorteile. Wenn Kinder das erste Mal auf eine heiße Herdplatte langen oder den Kaminofen betatschen, sind Eltern froh darum, dass es meist keine Wiederholung gibt. Durch Schmerzen lernt man – und zwar schnell. Andersrum funktioniert das deutlich schlechter. Freudige Ereignisse genießt man, aber ihre Wirkung hält nicht lange an. Die Erinnerung an den Giftpilz, den wir einmal versehentlich ins Risotto geschnippelt haben, ist deutlich präsenter als der Geschmack der besonders saftigen Walderdbeeren, die wir eine Woche zuvor

gefunden haben. Schlechte Erlebnisse sind erinnerungs-
würdig, gute sind zum kurzfristigen Genuss da.

So sinnvoll dieser Mechanismus im Laufe der Evolution
war, so problematisch wird er in der modernen Welt. In der
geht es bei schlechten Erfahrungen in aller Regel nicht
mehr um Leben oder Tod. Die Veranlassung, sich diese
Erlebnisse derart zu Herzen zu nehmen, ist also eigentlich
hinfällig. Der alte Mechanismus funktioniert aber noch
prächtig. Das ist deshalb besonders unerfreulich, weil die
Möglichkeiten, sich im Leben Enttäuschungen einzuhan-
deln, in der modernen Welt so groß sind wie nie. Die indi-
vidualisierte Gesellschaft bietet eine fast grenzenlose Freiheit und setzt den Einzelnen so gehörig unter Druck.
Niemand sagt ihm verbindlich, wie er zu leben hat. Wir
haben die freie Wahl. Es gibt keine Zünfte mehr, kein
Kastensystem, die Kirche hat an Macht verloren und der
soziale Druck in der Gesellschaft ist drastisch gesunken.
Scheidung, Patchworkfamilie, homosexuelle Partnerschaft,
Teeny-Papa oder für immer bei Muttern unterm Dach
wohnen … Alles in Ordnung. Zumindest wenn man sich
das richtige Umfeld sucht. Im erzkatholischen Altötting
sollte man sich als lesbische alleinerziehende Teeny-Mutter
nicht unbedingt seinen Hauptwohnsitz nehmen, in Köln
oder Berlin aber wird man deswegen nicht weiter schief an-
gesehen.

Was ist richtig, wenn alles möglich ist?

Der moderne Mensch kann im Großen und Ganzen tun und lassen, was er will. Das ist sein Vorteil. Und es ist sein Nachteil. Denn die Freiheit kann zur Belastung und so zur negativen Erfahrung werden. Wenn alles möglich ist, was ist dann eigentlich richtig? Frau, Familie und Haus im Grünen, Reisen, Extremsport und Karriere, Yoga, Ayurveda und spirituelle Erleuchtung? Die Moderne hat allgemeingültige Maßstäbe verloren, Lebensentwürfe einzuschätzen. Heute ist jedes Konzept, an und für sich genommen, genauso gut wie das andere – sieht man von ein paar Ausnahmen einmal ab. Das bedeutet aber auch, dass der Einzelne stets im Zweifel lebt, ob er für sich den richtigen Lebensentwurf gewählt hat. Stets hat er die 1.000 anderen Optionen vor Augen, die ebenfalls möglich sind. Er vergleicht, wägt ab, kommt vielleicht zu einem schlechten Ergebnis und sieht neidisch auf die Konkurrenz.

Vergleichen Sie sich nicht mit anderen

Nichts garantiert so sicher schlechte Laune wie der Vergleich mit anderen. Warum ich? Warum ich nicht? Warum, warum, warum? Das ist nicht nur anstrengend. Und das bietet reichlich Anlass für Enttäuschungen, an die man sich lange erinnert und die man sich dann wieder besonders zu Herzen nimmt, weil das mit dem Säbelzahntiger aus evolutionärer Sicht gerade erst einen Wimpernschlag vorbei ist.

Um diesem Mechanismus zu entkommen, ist die Taktik der Wahl, sich bewusst an die guten, schönen, vielleicht sogar tollen Momente des Alltags zu erinnern. So kann man sich tatsächlich an den eigenen Haaren aus dem Sumpf ziehen. Martin Seligman hat dazu mit seiner positiven Psychologie hervorragende Ansätze geliefert. Er baut auf die individuellen Stärken und positiven Emotionen wie Glück, Zufriedenheit, Vergnügen und Hoffnung. Entscheidend ist der Wechsel der Blickrichtung. Wer sagt denn, dass man nur die Mängel des eigenen Lebens sezieren muss? Warum nicht auch bewusst auf die Dinge sehen, die funktionieren, auf die man stolz, für die man dankbar sein kann? Dieser Perspektivenwechsel ist leichter gesagt als getan, aber der Aufwand lohnt sich, denn die Folgen sind ungeheuer befreiend. Nicht mehr der – als schmerzlich empfundene – Abstand zur Perfektion steht jetzt im Fokus, sondern die Freude über das Erreichte.

Angst ist ein schlechter Ratgeber

Das gilt nicht nur für den Blick auf die Gegenwart, sondern auch für die Zukunft. Wenn Änderungen anstehen, im Beruf und im Privaten, dann herrscht bei uns gerne ein enormer Angststillstand. Dann nutzen die Unzufriedenen die Chance, die Angsthasen aufzuwiegeln und in den Jammersumpf zu treiben. Da kann man dann schön stecken bleiben und die Änderung aussitzen. Angst aber ist ein schlechter Antreiber und Ratgeber. Die Angst davor, was werden wird, verhindert, dass man die kleinen Fortschritte sieht. Wenn die nächste größere und beängstigende Änderung im eigenen Leben ansteht, warum nicht einmal ganz bewusst auf die zahlreichen Chancen blicken, die sich dadurch ergeben? Dabei dürfen Sie ruhig den Wunsch Vater des Gedankens sein lassen und ein bisschen träumen. Immerhin sind die Ängste, die sich um große Veränderungen spinnen, in aller Regel auch ziemlich überzogen. Halten Sie sie im Griff, indem Sie sich zur Abwechslung den »Positiv-Perspektivwechsel« durch die rosarote Brille erlauben.

Mit diesen kleinen Fortschritten kann es schon gelingen, sich im Jammersumpf entscheidend freizustrampeln. Ist das gelungen, sollte man tunlichst keinen allzu missionarischen Eifer bei der Rettung der Welt aus dem Jammersumpf an den Tag legen. Das kann böse enden. Die Jammersümpfler hören es nämlich nicht gerne, wenn man ihnen offensiv vorhält, dass die gemeinsame Beschwerderunde nicht zielführend ist. Schnell wendet sich die Stimmung gegen den forschen Verbesserer. Und das ist nachvollziehbar. Wenn in der Kaffeeküche jahrelang über unsinnige Arbeitsorganisation im Betrieb gejammert worden ist und der neue Kollege, frisch von der Uni, noch in der ersten Woche erklärt, dass das Gemaule der Kollegen nur Energien verschwendet, dann mag er recht haben, recht bekommen aber wird er ganz sicher nicht. Immerhin haut er den langjährigen Angestellten um die Ohren, dass sie sich seit Jahren falsch verhalten, indem sie sich im eigenen Elend suhlen.

Das hört keiner gerne und das ist ein denkbar schlechter Einstieg in eine neue Firma oder Abteilung. Da empfiehlt es sich eher, die Gespräche in homöopathischer Dosierung in die richtige Richtung zu lenken und vor allem die Kollegen bei der Suche nach einer Lösung mit einzubeziehen.

Denn frei nach Dieter Hildebrandt gilt immer noch: »Statt zu jammern, dass wir nicht alles haben, was wir wollen, sollten wir lieber dankbar sein, dass wir nicht alles bekommen, was wir verdienen.«

4

Die schmunzelnde Kunst der Ausdauer

Warum die Fleißigen länger leben

Barfuß und eingeölt ging vom Hauptbahnhof in München zum Königsplatz an einem kühlen Septembertag 1967 – nein, kein fränkisches Krenweibla – sondern ein junger Mann. Mit nichts anderem bekleidet als mit einem knappen Höschen: Arnold Schwarzenegger, der damals mit 20 Jahren der bis heute jüngste Mister Universum war und für seinen Sport Werbung machen wollte. Und sich nicht zu blöd war, bei so einer Aktion mitzumachen. Die ungläubigen Gesichter der Münchner können Sie sich sicher vorstellen. Nach den Erinnerungen des Fotografen Rolf Hayo waren die Münchner etwas ratlos, aber meist doch amüsiert. Ein Dreikäsehoch rief beim Anblick des mächtigen Arnold: »Ui, des mecht i a macha!« Die Mutter war gar nicht amüsiert und beschied ihrem Sohnemann streng: »Schau weg, das ist ein Krüppel.« Wahrscheinlich ist Arnie auch von anderen Passanten insgeheim für verrückt erklärt worden.

Und es ist wirklich ein bisschen verrückt, was Schwarzenegger alles bereit war, für seine Karriere zu tun – neben all den markigen Sprüchen, Machogesten und der Angeberei. Er soll zu jedem Jahresanfang auf Karteikarten seine Ziele für das neue Jahr notiert haben und beschäftigte immer Lehrer oder Coaches, um sich weiterzuentwickeln, nahm Schauspiel-, Sprech- und Matheunterricht auf einmal. Wie viele Stunden er trainiert hat, um seinen Körper so zu formen, wie er sich das vorstellte, weiß er wohl nicht mal mehr selbst. Ob er bei all dem geschmunzelt hat – keine Ahnung, aber der Begriff »Ausdauer« scheint für den österreichischen Kraftmeier erfunden worden zu sein. Und das könnte ihm auch zu einem langen Leben verhelfen.

Captain Ausdauer

Denn Dickbrettbohrer, die gern und viel arbeiten, haben eine ungewöhnlich hohe Lebenserwartung. Bisher stand Captain Ausdauer noch im Schatten all der Supergirls und Supermänner, aber jetzt rückt er endlich ins Rampenlicht. Der Psychologe Howard Friedman von der University of California in Riverside und seine Kollegin Leslie Martin brechen nicht nur ein paar Schaschlikstäbchen, sondern eine gewaltige Lanze für die Ausdauernden dieser Welt. Und das mit gutem Grund. Die Auswertung einer einzigartigen Langzeitstudie aus den USA zum Einfluss der Persönlichkeit auf die Lebenserwartung hat ergeben, dass die Fleißigen länger leben. Friedman und Martin hatten über 20 Jahre hinweg die Persönlichkeitsmerkmale und Schicksale von rund 1.500 begabten Kindern analysiert, die im

Jahr 1921 etwa zehn Jahre alt waren. »Zu Anfang waren wir frustriert über den Stand der Forschung zu individuellen Unterschieden, Stress, Gesundheit und Langlebigkeit«, sagt Howard Friedman. »Es war lediglich klar, dass manche Menschen eher erkranken, langsamer genesen oder früher sterben, während andere im selben Lebensalter voll erblühen.« Verantwortlich dafür wurden alle möglichen Faktoren gemacht: Ängstlichkeit, Bewegungsmangel, nervenzerrüttende Arbeitsbedingungen, Unglaube, Pessimismus und vieles mehr … Daten gab es jedoch nicht, es fehlten die Langzeitstudien. Niemand hatte große Menschengruppen über längere Zeit studiert.

Da traf es sich gut, dass Friedman und Martin alte Unterlagen vorliegen hatten, die jede Menge Daten von hochbegabten Kindern enthielten. Deren Lebenswege und Todesumstände untersuchten Friedman und Martin unterstützt von einem Team von mehr als 100 Studenten und Doktoranden. 20 Jahre nahmen sie sich Zeit für die Recherchen und Analysen – und wurden mit vielen klaren und unerwarteten Antworten belohnt. Dem gigantischen Datenkonvolut zufolge leben ausdauernde Menschen länger und glücklicher als ihre weniger disziplinierten Zeitgenossen. In der Studie verfolgten sie die Schicksale äußerst erfolgreicher Menschen – zum Beispiel das von Shelley Smith Mydans, einer weltreisenden Reporterin, die im Zweiten Weltkrieg zwei Jahre lang in japanischen Gefängnissen einsaß, oder das des Filmmoguls Edward Dmytryk, der in Hollywood auf der schwarzen Liste stand, nachdem er als kommunistischer Sympathisant im Gefängnis gelandet war. Die Forscher kamen zu dem Ergebnis: In einem bedeutsamen, sinnstiftenden Beruf engagiert zu sein, wirkt lebensverlängernd, auch unter stressigen Bedingungen.

Die Bienen und der Honig

Menschen, die als diszipliniert, hartnäckig und ausdauernd eingestuft wurden, waren im Vorteil und lebten länger als diejenigen, die es eher ruhiger angehen ließen. Wer beharrlich ist, darf also auf ein langes Leben hoffen. Der Mythos, dass Ehrgeiz, Konkurrenzdenken und Stress das Leben verkürzen, ist nach den Ergebnissen von Friedman und Martin schlicht und ergreifend falsch. Und: Wer gerne arbeitet und sich dabei Herausforderungen sucht, der bleibt auch nicht in den Jammersümpfen der Welt stecken, denn derjenige weiß, dass die Ernüchterung zum Erfolg gehört wie die Biene zum Honig. Das folgende Kapitel widmet sich den besten »Honig-Rezepten« im Umgang mit der Ernüchterung und zur Unterstützung der Ausdauer. Denn: So ausdauernd und diszipliniert wie Arnie bin ich nicht, ich brauche für meine Ausdauer ein paar Tricks, die mir helfen dranzubleiben, wenn es keinen Spaß mehr macht. Und die richtig harten Kerle essen natürlich kein Honigbrot, sondern kauen Bienen.

Dranbleiben tut not

»Dranbleiben!« Das klingt ziemlich anstrengend und recht verbissen. Das Bild eines Schiffbrüchigen entsteht im Kopf. Mitten im Ozean, weit und breit nur Wellen und Gischt, kein Land in Sicht, mit eiserner Verzweiflung klammert sich unser »Dranbleiber« an zwei muschelbewachsene Bootsplanken. Er ist wild entschlossen: Er wird gerettet oder er lässt ein einziges und dann letztes Mal los. Vorwärts immer, rückwärts nimmer. So wird das mit dem Dranbleiben in Deutschland gerne verstanden. Es muss wehtun – tut es das nicht, dann hat man sich eben nicht genug gequält. Beim verbissenen Dranbleibertum geht es immer auch um Heldenmut und heroische Fähigkeiten.

Der Sport ist dafür ein gutes Beispiel. In Fußballspielen sprechen Kommentatoren gerne davon, dass sich jetzt für eine Mannschaft die Charakterfrage stelle: Jetzt müsse sie zeigen, dass sie die Übermacht des Gegners nicht klaglos akzeptiere, sondern um der Ehre willen müsse sie ein letztes Aufbäumen zeigen. Das Publikum will dann wilde Grätschen sehen, sinnlose Sprints, aufgeregtes Lamentieren und Rangeleien mit dem Gegner. Das gibt Applaus. Versucht das zurückliegende Team es weiter fußballerisch feingeistig, schrillen bald die Pfiffe, wenn die Bemühungen erfolglos bleiben. Die Zeit der Schönspielerei ist jetzt vorbei, findet das überwiegend männliche Publikum. Die Umstellung auf die raue Gangart gilt dagegen als Charakterzeichen und Beweis eines unbedingten Siegeswillen, der irgendwie lose mit dem Dranbleiben verwandt ist.

Mit Wasserflaschen dranbleiben

Es gibt keinen Zweifel: Das Dranbleiben ist eine der Kernkompetenzen für ein erfülltes und erfolgreiches Leben –
und zwar auch dann, wenn die Laune mal nicht danach ist.
Die typisch deutsche Strenge und Verbissenheit bei diesem
Thema gehen allerdings in die völlig falsche Richtung.
Dranbleiben muss nicht wehtun, damit es überhaupt erst so
richtig zählt. Es geht nicht darum, wer sich mit seinen Fähigkeiten der Selbstkasteiung die meisten Meriten verdient.
Sinnvollerweise sollte es tatsächlich um das genaue Gegenteil gehen: nämlich um die Frage, wie es gelingen kann, an
Projekten und Aufgaben dranzubleiben. Die sind meist von
alleine anstrengend genug, da muss man sich die Sache
nicht noch schwerer machen, als sie schon ist. Ein derarti-
ges Umdenken würde angesichts der geschilderten Kulisse
deutscher Ernsthaftigkeit allerdings eine mittlere mentale
Revolution bedeuten: Schließlich steht hierzulande alles,
was Spaß macht und leicht fällt, unter dem Verdacht, weniger wert zu sein. Nicht umsonst hören Kinder vor ihrem
ersten Schultag ein wohlmeinendes »Jetzt beginnt der Ernst
des Lebens«. Oder haben Sie schon mal freudestrahlende
Eltern auf dem Schulhof zu ihren ABC-Sprösslingen: »Jetzt
beginnt der Spaß des Lebens« sagen hören? Auch freuen
tun wir uns – sprichwörtlich – nur »wie ein Kind«, noch nie
ist mir eine deutsche Lebensweisheit untergekommen, die
lautet: »Wir freuen uns wie Erwachsene.«

Der Kampf gegen dieses allzu engstirnige und zudem völlig freudlose Dogma ist erste Bürgerpflicht. Dinge, die Spaß
machen, sind generell ganz wunderbar. Und: »Zu viel des

Guten kann wundervoll sein«, meinte augenzwinkernd Mae West. Dinge, die Spaß machen, sind schon aus sich selbst heraus sinnvoll, eben weil sie Menschen Spaß machen. Das sollte als Daseinszweck ausreichen. Wenn es gelingt, die unvermeidlichen Aufgaben der Lebensbewältigung mit Spaß zu erledigen, dann ist das nichts, wofür man sich schämen müsste. Ganz im Gegenteil: Das ist etwas, worauf man stolz sein sollte. Dieses Kapitel soll erklären, wie es möglich ist, mit Spaß, Freude und Leichtigkeit an seinen Projekten und Aufgaben »dranzubleiben«. Es geht um Humor, Kinder, verkannte Genies, Krokodile, die mangelnde Lobkultur und natürlich um Wasserflaschen.

Um Wasserflaschen? Genau! Denn die brauchen wir dringend, um die langen Durststrecken, die sich zwischen den Erfolgen unseres Lebens auftun, zu bewältigen. Manchmal stehen Helfer entlang des Wegs und reichen uns eine kühle, leicht beschlagene Wasserflasche, an der ein paar Wassertropfen herunterlaufen – fast so schön wie in der Bierwerbung –, und rufen uns dann noch ein aufmunterndes »Hopp, hopp, hopp! Halt durch!« zu, begleitet vom Applaus der Zuschauer am Wegesrand. Das sind Momente, für die man dankbar sein sollte, verlassen kann man sich auf die Helfer am Alltagswegesrand allerdings nicht. Deswegen sorgt man am besten selbst dafür, dass man ausreichend Wasserflaschen im Gepäck hat und sie bei Bedarf auch aus eigener Kraft wieder füllen kann. Unsere Wasserflaschen sind ein Symbol für die Motivationsschübe, die es zwischendurch braucht, um die nächste anstrengende Etappe in Angriff nehmen zu können. Und die Quellen dieser Motivation sind unter anderem Humor, Eigenlob und

das Kind im Erwachsenen. Wenn wir lernen, diese inneren
Quellen verlässlich sprudeln zu lassen, dann können wir
jederzeit die Wasserflaschen nachfüllen, schwere Etappen
auf unserem Lebensweg bewältigen und Rückschläge verkraften, ohne im Jammersumpf zu landen.

Talent ist überschätzt

Aber was hilft uns das Dranbleiben, wenn wir einer Aufgabe einfach nicht gewachsen sind?, fragen jetzt vielleicht
einige. Einfache Antwort: Es gibt gar nicht so viele Aufgaben, denen wir nicht gewachsen sind. Das resignative »Ich
kann das halt nicht« ist einer der Autobahnzubringer in
den Jammersumpf, wenn auch von der Rückseite dieses
emotionalen Feuchtgebiets her. Bisher hatten wir vor allem
die Menschen im Blick, die ihre Resignation damit begrün-
deten, dass ihre Talente und Fähigkeiten von einer ignoran-
ten Welt nicht erkannt, gewürdigt und gefördert würden.
Die »Ich kann das nicht«-Fraktion fängt jammertechnisch
einen Schritt früher an. Sie behauptet von Gott, einem unglücklichen Schicksal oder einfach der Natur nicht mit genügend Fähigkeiten ausgestattet worden zu sein, um die
Anforderungen zu erfüllen, die an sie gestellt werden. Das
klingt zunächst angenehm bescheiden und nicht so böswil-
lig wie die »Niemand erkennt mein Genie«-Fraktion im
Jammersumpf, aber tatsächlich läuft es am Ende auf das
gleiche Ergebnis hinaus. Es handelt sich in beiden Fällen
um eine Rechtfertigung, seine Bemühungen einzustellen,
an Projekten nicht mehr dranzubleiben. Im ersten Fall, weil
die Welt ohnehin zu doof ist, die eigenen Talente zu erken-

nen, im zweiten Fall, weil die Welt so ungerecht war, einem nicht ausreichend Talent zur Verfügung zu stellen: Da kann man nichts machen – außer sich zurückzulehnen und gemeinsam zu jammern.

Das ist natürlich Blödsinn. Und das lässt sich sehr schön und anschaulich belegen. Die Behauptung »Ich kann das nicht« ist in den allermeisten Fällen schlicht falsch. Der amerikanische Wissenschaftsjournalist Malcolm Gladwell hat ein ganzes Buch dem Abgesang auf das Talent gewidmet. Und Talent wird in der westlichen Welt nach wie vor vergöttert. Der von der europäischen Romantik befeuerte Geniekult ist aus der Wissenschaft zwar mittlerweile verschwunden, nicht aber aus der Öffentlichkeit. Die feiert mit diesem Begriff die Schlauen und Virtuosen dieser Welt und verschleiert so, wo die Fundamente ihrer Fähigkeiten liegen. Nämlich nicht nur in ihrer außerordentlichen Begabung.

Vom Tellerwäscher zum Millionär

Die US-Variante der Talentverklärung ist im Vergleich zu Europa handfester, weniger verträumt, dafür mindestens genauso kitschig. Es geht um die klassische Erzählung vom amerikanischen Traum und die zahlreichen Variationen, die wir unter dem Slogan »From Rags to Riches« oder frei übersetzt »Vom Tellerwäscher zum Millionär« kennen. Kaum eine Berühmtheit dieser Welt, die nicht gerade königlicher Abstammung ist, deren Biografie sich nicht zumindest in Teilen an diesem alten Schema orientiert. Da wird dann betont, wie früh sich das herausragende Talent von Sängerin X zeigte, welche grandiosen Leistungen Schriftsteller Y schon als junger Mensch ablieferte, gegen welche Widerstände sich das Talent von Physiker Z dank eines unbändigen Willens durchsetzte, dass Abraham Lincoln nur ein Jahr lang zur Schule ging und trotzdem Präsident wurde, Walt Disney von seinem ersten Arbeitgeber wegen chronischen Ideenmangels gefeuert wurde und sein herausragendes Talent sich später in den Filmen doch durchsetzte. Und der viel zitierte Thomas Alva Edison war so talentiert, dass er erst gar nicht zur Schule ging. Leider konnte er als Erwachsener deshalb keinen Satz fehlerfrei schreiben. Für Deutschland bieten sich als Beleg für die Talentverklärung auch diverse Persönlichkeiten an. Wilhelm Conrad Röntgen malte, statt zu lernen, lieber seine Lehrer und flog wegen einer Karikatur von der Schule. Bei seinem Talent durfte er auch ohne Abitur studieren, Physikprofessor werden und den Nobelpreis gewinnen. Und immer gerne genommen wird natürlich die Geschichte des arbeitslosen Physiklehrers, der 1902 im Berner Stadtanzeiger unter der Rubrik »Vermischtes« eine Annonce aufgab. Dort bot er Privatstunden an, mit: »Probestunden gratis«. 1921 war Albert Einstein Nobelpreisträger. Und ja, natürlich hatten Albert Einstein oder Wilhelm Conrad Röntgen eine außergewöhnliche Begabung, aber eben nicht nur. Ein kurioses Beispiel für die Berufung auf das Tellerwäscher-Märchen ist Jeb Bush, der Bruder des früheren US-Präsidenten George W. Bush. Im Wahlkampf um das Amt des Gouverneurs von Florida versuchte er allen Ernstes, sich den Wählern als Selfmademan zu verkaufen. Das entbehrte nicht einer gewissen Komik, immerhin wurde Jeb Bush als

Sohn und Bruder zweier US-Präsidenten sowie Enkel eines erfolgreichen Wall-Street-Bankers und eines Senatoren geboren. Viel bessere Ausgangsbedingungen hätte er kaum haben können.

Nicht der IQ, die Ausdauer macht's

Was hat es nun mit dem Einfluss des ominösen Talents auf den späteren Erfolg auf sich? Es gibt eine ebenso überraschende wie ernüchternde Antwort: Talent wird völlig überschätzt. Um gute, sehr gute oder sogar herausragende Ergebnisse zu erzielen, braucht es gewisse Grundvoraussetzungen, die aber sind alles andere als außerirdisch. Eine durchschnittliche Intelligenz reicht, um Erfolg im Leben zu haben. So eine Art Normal-Talent. Hochbegabung hingegen ist eine weit über dem Durchschnitt liegende intellektuelle Begabung eines Menschen. Auf der in Deutschland verwendeten Skala gilt man ab einem IQ-Wert von 130 als hochbegabt – das trifft auf etwa zwei Prozent der Bevölkerung zu. Die Hochbegabung braucht man aber nicht einmal, um die perfekten Chancen zu haben. Bis zu einem Intelligenzquotienten von 120 gibt es einen direkten Zusammenhang zwischen geistigen Fähigkeiten und beruflichem Erfolg, der sich etwa durch das Jahreseinkommen messen lässt. Dann aber ist Schluss. »Ein erfahrener Naturwissenschaftler mit einem Intelligenzquotienten von 130 erhält mit der gleichen Wahrscheinlichkeit einen Nobelpreis wie ein Naturwissenschaftler mit einem Intelligenzquotienten von 180«, rechnet Gladwell vor. Wer also einen IQ von 120 sein eigen nennt, hat beste Voraussetzungen, das Allerbeste aus seinem Leben zu machen.

Was sagt uns das alles? Die Extreme sind relativ selten. Die allermeisten Menschen haben einen Intelligenzquotienten, der zwischen 85 und 115 liegt. Die Tatsache, dass Sie ein Buch gekauft haben und es offenbar auch lesen, spricht dafür, dass Sie gesamtgesellschaftlich eher im oberen Bereich der IQ-Verteilung angesiedelt sind. Allein aufgrund Ihrer naturgegebenen Ausstattung gibt es – statistisch erwiesen – für Sie keine Hindernisse, nicht eine sehenswerte Karriere, hervorragende Ergebnisse, herausragende Leistungen zu erzielen. Die »Das kann ich nicht«-Haltung ist eine reine Schutzbehauptung, die davon ablenken soll, dass man entweder nicht will oder sich nicht traut. Erfolg hängt weniger an Talenten und natürlichen Begabungen als vielmehr an der Fähigkeit, an Dingen dranzubleiben.

Übung macht den Meister

Viel wichtiger als die naturgegebenen Anlagen ist die Übung, die offenbar tatsächlich den Meister macht, wie die Suzuki-Methode zeigt. Sie ist ein Musikerziehungskonzept und geht auf den japanischen Geiger und Pädagogen Suzuki Shin'ichi (*1898; † 1998) zurück. Der brachte sich im Alter von 17 Jahren mithilfe von Schallplattenaufnahmen das Geigespielen selbst bei. Das Instrument war in seiner Kindheit eher ein Spielzeug. Sein Vater war einer der größten Geigenbaufabrikanten Japans und so standen und lagen zu Hause unzählige Geigen herum. 1945 gründete

Suzuki eine Musikschule in Matsumoto und gab der Musikerziehung völlig neue Impulse. »Talent ist kein Zufall der Geburt«, war der Leitspruch des Autodidakten. Er war ein radikaler Gegner der Auffassung, dass das Maß der Musikalität eines Menschen eine Frage der Gene sei. Untersuchungsergebnisse, die diese Theorie stützten, seien falsch, weil Talentforschung nicht an Neugeborenen durchgeführt werde, sondern an Kindern, die bereits jahrelang musikalische Stimulation und Förderung erhalten beziehungsweise eben nicht erhalten hatten. Konsequenterweise werden an Suzuki-Schulen auch keine Aufnahmeprüfungen durchgeführt.

Eine Besonderheit des Unterrichts ist das tägliche Anhören einer CD, auf der das Übungsstück, mit dem ein Kind sich beschäftigt, von einem professionellen Musiker gespielt wird, sowie die systematische Wiederholung der erlernten Stücke. Es war Suzukis Grundüberzeugung, dass jedes musikalische Talent, bis hin zur Spitzenbegabung, ausschließlich auf Gehörschulung und kontinuierlicher Übung beruhe. Obwohl die Instrumentalausbildung der Suzuki-Methode nicht die Heranbildung von Wunderkindern beabsichtigt, sind aus der Schule viele namhafte Geiger hervorgegangen. Westliche Kritiker haben dieser Methode allerdings vorgeworfen, dass Auswendiglernen und das mechanische Spielen in der Gruppe die musikalische Individualität eines Künstlers behindere.

Die 10.000-Stunden-Regel

Wechseln wir von Japan nach Berlin und sehen wir uns an, was der Psychologe K. Anders Ericsson über musikalische Fähigkeiten und die Übungsintensität des Einzelnen herausgefunden hat. Er führte Anfang der 1990er-Jahre eine Untersuchung an der Berliner Hochschule der Künste durch, bei der die Annahme »Übung macht den Meister« belegt werden konnte. Die Wissenschaftler teilten für ihre Studie die Violinisten der Hochschule in drei Gruppen. Die »richtig richtig Guten«, die es zu Weltklasse-Solisten bringen konnten, die guten Spieler und solche, die mit einiger Sicherheit ihr Geld nie als professionelle Musiker verdienen würden. Anschließend befragten sie die Mitglieder der drei Gruppen, wie lange sie seit dem Tag, an dem sie erstmals eine Geige in der Hand hielten, geübt hätten. Das Ergebnis war verblüffend. Nicht nur, dass viel zu üben auch viel zu können bedeutet – es scheint auch eine Art magische Marke für das absolute Expertentum zu geben: die sogenannte 10.000-Stunden-Regel.

Die Stars der Berliner Musikhochschule kamen im Alter von 20 Jahren auf etwa 10.000 Stunden, die guten Spieler auf 8.000 und die künftigen Musiklehrer auf etwa 4.000 Stunden. Der Schluss, den die Wissenschaftler daraus zogen, ist bis heute überzeugend: **Man übt nicht viel, weil man gut ist, sondern man ist gut, weil man viel übt.** Die »richtig richtig guten« Violinisten in Berlin hatten nicht mehr Talent als die »schlechten« Violinisten, sie hatten nur einfach 6.000 Stunden mehr Zeit ins Geigespielen investiert. Das sind 250 ganze Tage. Kein Wunder, dass die Vielüber am Ende auch besser waren. Ein weiterer, vielleicht noch überzeugender Beleg für die Überschätzung des Talents ist die Tatsache, dass die Forscher keine »richtig richtig guten« Violinisten fanden, die deutlich weniger als die magischen 10.000 Stunden geübt hatten und es trotzdem in die Topgruppe geschafft hatten. Genauso wenig stießen sie auf Violinisten, die wahnsinnig viel geübt hatten, und es dann nicht bis ganz nach oben geschafft hätten.

Sie erinnern sich an die ersten Seiten dieses Buches? Der Musikklub, Liverpool, ein nebliger Morgen und mittendrin die Anfänge der Beatles? Auch die folgten mit ihren Hamburg-Reisen der 10.000-Stunden-Regel. Zwischen 1960 und 1962 kamen die vier Liverpooler insgesamt fünfmal nach Hamburg. In rund eineinhalb Jahren traten sie zusammengenommen rund 270-mal mehrere Stunden am Stück auf. Bei ihrem Durchbruch im Jahr 1964 hatten sie rund 1200 Auftritte absolviert. Eine unfassbare Zahl, auf die die allermeisten Bands im Laufe ihrer gesamten Karriere nicht kommen. Der Beatles-Biograf Philip Norman hält die Konzertreisen in Deutschland für den entscheidenden Punkt beim Phänomen Beatles: »Vor Hamburg haben sie auf der Bühne nichts getaugt, nach Hamburg waren sie sehr gut. Sie haben nicht nur Ausdauer gelernt. Sie mussten sich ein riesiges Repertoire aneignen – Coverversionen von allem, nicht nur Rock' n' Roll, sondern auch ein bisschen Jazz. Vorher waren sie auf der Bühne undiszipliniert. Nachher haben sie anders geklungen als alle anderen. Hamburg war der Schlüssel zum Erfolg.«

Die Österreicher haben auf ihre Art und Weise offenbar schon immer um die 10.000-Stunden-Regel gewusst: Neu-

lich in Wien hat ein Tourist einen Polizisten vor dem Ste-
phansdom gefragt:»Wie komme ich zu den Wiener Phil-
harmonikern?« Die Antwort des Polizisten war:»Üben,
üben, üben!« Dem ist nichts mehr hinzuzufügen.

Talent ist die Folge von Übung

Nun ist nicht jeder von uns Violinist an einer Berliner Musikhochschule oder Mitglied einer berühmten Rockband,
deswegen noch eine kleine Episode aus meinem Alltag, die
zu einem ähnlichen Ergebnis geführt hat. Mittlerweile
werde ich bei Workshops oft für die zeichnerische Gestaltung meiner Flipcharts gelobt.»Das ist ja toll, wie Sie Ihre
Plakate malen. So künstlerisch. Sie haben einfach ein Talent dafür«, heißt es dann. Dem widerspreche ich dann
stets auf das Entschiedenste. Und das ist keine Koketterie.
Fakt ist: Ich konnte nie gut malen oder zeichnen. Schon
meine von mir verehrte Grundschullehrerin meinte:»Lass
das doch mit dem Malen, das kannst du nicht!« Eine er-
neute Bestätigung bekam ich bei den Abiturprüfungen.
Mein Werk, das ich im Kunstabitur abgab, stieß überhaupt
nicht auf das Wohlwollen meines Kunstlehrers. Er hatte
mir schon wiederholt im Unterricht gesagt, dass ich kein
Talent habe, und meine Abiturarbeit bestätigte seine Meinung. Sie gefiel ihm aber schon so was von gar nicht. Für
mich war es Pflicht statt Kür, es gehörte aber zum bayerischen Abiturkanon dazu. Nach meiner Schulzeit habe ich
das Thema Malen und Zeichnen aus meinem Gehirnord-
ner entfernt. Kein Talent und fertig. Als ich dann viele Jahre
später meine Trainerinnenlaufbahn begonnen habe, sahen

meine Flipcharts aus, als hätte man eine Hühnerschar erst durch Farbeimer und dann über das Papier getrieben. Sie waren – vorsichtig ausgedrückt – nicht so wahnsinnig übersichtlich, die Schrift ein einziges Gekrakel und zeichnerisch waren sie extrem ausbaufähig. Mir wurde das dann einige Male auch relativ deutlich gesagt und ich beschloss, dass sich das ändern müsste. Ein Projekt war geboren: die Verbesserung meiner Flipchartgestaltung. Oder – wie ich zeichnen lernte, um meine Teilnehmer zu erfreuen. Ich besorgte mir Bücher, die erklärten, wie man zeichnet, wie Karikaturen und Comics einfach gestrichelt werden können, und ich verschlang ein Buch nach dem anderen. Dann begann ich, die Theorie in die Praxis umzusetzen. Mit unermüdlichem Ehrgeiz. In endlosen Teamsitzungen bei einem früheren Arbeitgeber kritzelte ich Zeichnungen aufs Papier. Immer wieder das gleiche Motiv, bis es auch tatsächlich so locker und gut proportioniert aussah wie in der Vorlage. Das brachte mir sogar das ausdrückliche Lob meines Chefs ein. »Frau Hertlein«, sagte er, »das finde ich vorbildlich. Sie sind die Einzige, die bei den Sitzungen mitschreibt.« Ich ließ das mal so stehen und übte fleißig weiter. Keine 10.000 Stunden, aber doch genug, um ordentliche handwerkliche Fähigkeiten im Zeichnen zu entwickeln. Seitdem schauen meine Plakate und Flipcharts gut aus, haben Pfiff und ich werde wegen eines Talents gelobt, das vor dem Üben gar nicht da war. Es handelt sich um eine Meisterschaft, die wie Talent aussieht, aber tatsächlich völlig talentfrei ist. Für mich sind meine Zeichnungen Handwerk, und zwar ein hart und trotzdem mit viel Freude gelerntes.

Zeichnen wurde übrigens nicht immer als »Entweder man hat Talent dazu oder man hat es nicht« aufgefasst. Das Ideal des »empfindsamen Frauenzimmers« im 18. Jahrhundert, das Jean-Jacques Rousseau beschrieben hat, fand in Deutschland bereitwillige Aufnahme und beeinflusste Johann Bernhard Basedow, der es als Erzieher sogleich in die Praxis umsetzte. Basedow erwartete von den Mädchen, dass sie, um in der Gesellschaft zu gefallen, Deutsch und Französisch sprechen, musizieren, zeichnen und tanzen können. Er erwartete definitiv nicht, dass die Mädchen Talent zum Zeichnen hatten, sondern dass sie genügend übten.

Stärken stärken ist zu einfach

Dass es nicht nur die natürlichen Gaben eines Menschen sind, die den Lebensweg bestimmen, sagt uns schon der gesunde Menschenverstand. Es gibt Menschen mit Talent, Begabung und hervorragenden Startvoraussetzungen, die im Leben trotzdem scheitern. Und andere, deren Talent im Normalbereich liegt und die schlechte Startvoraussetzungen hatten, werden erfolgreich, und, wenn's ganz blöd kommt, auch noch zufrieden im Leben. Auch deshalb wird inzwischen nicht mehr überall einer einseitigen Konzentration auf die Stärken eines Menschen das Wort geredet. In der Coaching- und Beratungsszene war man lange sehr verliebt in das »Stärken-Konzept«. Individuen, Unternehmen, Institutionen sollten ihre Kernkompetenzen klären, sie ausbauen und konsequent auf sie setzen. Das war und ist zum Teil bis heute die Lehrmeinung vieler Managementseminare und Bücher zur persönlichen Lebensführung. Das war und ist allerdings auch falsch. Und zwar deswegen, weil der Mensch ein sinnorientiertes Wesen ist. Dass er in etwas gut ist, bedeutet nicht, dass er diese Sache auch gerne tut. Sie kennen vielleicht alle, aus dem Beruf oder aus dem Verein, die Situation, dass Protokoll geführt werden soll. Und dann kommt jemand und ruft:»Ach, da nehmen wir doch die Moni oder den Hans, die können das gut.« Aber nur, weil es heißt:»Der Hans kann's«, bedeutet das noch lange nicht, dass er es gerne tut. Da spielt schon noch die individuelle Motivation eine Rolle. Muss jemand, der herausragende intellektuelle Fähigkeiten hat, einen intellektuellen Beruf ergreifen? Die meisten würden das vermutlich mit einem vorsichtigen»Ja« beantworten. Wenn das Genie Maurer wird, würden sie das als Verschwendung von Ressourcen betrachten. Und haben objektiv betrachtet auch recht. Aber was hilft es unserem Genie, wenn er einfach kein Atomphysiker werden will, sondern viel lieber mit den Händen arbeitet? Ist es nicht so: lieber ein glücklicher, guter Handwerker als ein trauriger, genialer Akademiker? Klingt einleuchtend, finden Sie nicht? Es ist Fakt, dass zu einem gelingenden Leben, das um die Jammersümpfe dieser Welt einen Bogen macht, in erster Linie gehört, dass man dem eigenen Tun einen Sinn abgewinnen kann. Das gelingt am sichersten, wenn man seinen Überzeugungen und Wünschen folgt und nicht blind den als Stärken erkannten Fähigkeiten oder dem, was andere für Stärken halten. Zumal sich ohnehin die Frage stellt, welche Rolle das Talent überhaupt spielt, wenn sich die 10.000-Stunden-Regel weiterhin als stichhaltig erweisen sollte.

Jenseits von Talent

Dass man es auch abseits des eigenen Talentbereichs zu etwas bringen kann, zeigt ein Blick in die Viten berühmter Persönlichkeiten. Als da wäre: Elvis Presley. Der »King of Rock 'n' Roll« war in seiner Jugend ein schüchterner Knabe, wie er selbst erklärt hat. Ein paar Jahre später sorgte er mit seinem legendären Hüftschwung auf der Bühne reihenweise für Ohnmachtsanfälle bei den jungen Frauen in den Konzertsälen. Und für einen gesellschaftlichen Aufruhr in den prüden USA der ausgehenden 1950er-Jahre. Kirchen, Elternverbände und selbst ernannte Moralapostel liefen Sturm gegen »Elvis the Pelvis«, (»Elvis, das Becken«). Der ließ sich nicht beeindrucken und wurde der bis heute erfolgreichste Musiker aller Zeiten. So weit kann es da mit der Schüchternheit nicht mehr her gewesen sein. Oder Albert Schweitzer, bei dem man gar nicht so genau weiß, als was man ihn eigentlich bezeichnen soll. Er hatte in Theologie und Philosophie promoviert und in Paris Orgelmusik studiert, bevor er sich der Medizin widmete, nach Afrika zog und dort ein Krankenhaus im Urwald aufbaute. Auch nicht eben der übliche Lebenslauf für einen doppelt promovierten Philosophie-Theologen. Klassisches Beispiel gefällig? Gerne. Nehmen wir Demosthenes. Einer der berühmtesten Redner und Rhetorik-Theoretiker der Antike. Er soll in seiner Jugend gestottert haben. Erst aufwendige Sprechübungen machten ihn zur Koryphäe auf einem Gebiet, das er eigentlich nicht beherrschte. Die Legende erzählt, dass der junge Mann sich Kieselsteine in den Mund stopfte und auf einem Felsen gegen die Brandung des Mittelmeeres anschrie.

Demosthenes wäre Hausmeister geworden

Mit dieser Geschichte im Kopf war ich als junge Frau erstmals am Mittelmeer und sah mich schon ebenfalls auf dem Felsen stehen und dem Meer klanglich trotzen. Schnell stellte ich allerdings fest, dass die Mittelmeerbrandung bei ruhigem Wetter eher Badewannengeräuschniveau hat, aber sei's drum: Es ist eine gute Geschichte, die über Demosthenes, und die Moral versteht jeder. Jedenfalls wäre der gute Grieche nicht Redner geworden, wenn er in der Antike dem falschen »Coach« untergekommen wäre. Der hätte ihm angesichts seiner Stotterei wahrscheinlich geraten, sich in Richtung Hausmeister oder meinetwegen Gutsverwalter zu orientieren. Wer hätte schon denken können, dass der junge Mann allein mit Beharrlichkeit ein Gebiet zu dem seinem macht, das ihm von den Anlagen her überhaupt nicht lag? Man könnte die Reihe berühmter Persönlichkeiten noch fortführen, die sich aus Sicht der »Stärken-Lehre« falsch entschieden haben, und würde der Sache nicht annähernd gerecht, denn bei den allermeisten Erfolgreichen wissen die Menschen nur nicht, dass es sich bei dem, womit sie berühmt geworden sind, nicht um das handelt, was sie am besten konnten, sondern um das, was sie am meisten begehrten und übten. Es geht nicht um die Stärken, es geht um die Motivation, die man für etwas aufbringen kann. Bei meinen Zeichenübungen war am Anfang nichts von heißer Leidenschaft zu spüren, aber es war mir wichtig, dass sich meine Teilnehmer nicht mit Grausen von meiner Tafelzeichnung abwenden mussten. Meine Motivation waren die Menschen.

Zum Lernen ist man nie zu alt

Man sollte Vorsicht walten lassen mit dem »Stärken stärken«. Lediglich an seinen Stärken zu arbeiten, ist nur dann sinnvoll, wenn man tatsächlich ausschließlich Aufgaben zu bewältigen hat, bei denen die eigenen Stärken gefragt sind. Nicht sehr realistisch. Die unreflektierte Aufforderung »Stärke deine Stärken!« verlockt dazu, den einfachen Weg zu wählen. Es macht ja auch nicht so viel Spaß, sich mit seinen Schwächen zu beschäftigen. Gehören aber zu Ihrem Beruf oder zu Ihrem Hobby Aufgaben, die Sie wegen Ihrer Schwächen nicht schaffen, verzichten Sie lieber vorübergehend auf die Freude an Ihren Stärken und entdecken Sie das Dranbleiben an Ihren Schwächen. Mit der Zeit kann sogar eine frühere Schwäche zu einer Leidenschaft heranwachsen und sich so in eine Stärke verwandeln – wie es bei mir mit dem Zeichnen war. Deshalb ist auch das deutsche Sprichwort »Was Hänschen nicht lernt, lernt Hans nimmermehr!« eines der blödesten Sprichwörter, die wir haben. Was soll das Hänschen denn machen, wenn es etwas in der Jugend nicht gelernt hat, vielleicht weil es schlicht nicht gebraucht wurde? Sich zurücklehnen und achselzuckend feststellen: »Jetzt bin ich zu alt zum Lernen«? Das ist schon wieder ein verlockender Weg in den Jammersumpf.

Klar, das Ackern an den Schwächen kostet Kraft und braucht Ausdauer und Beharrlichkeit, aber es ist unverzichtbar auf dem Weg zu einem aktiven und guten Leben. Wie war das noch mal in der Geschichte von der kleinen Schnecke? Die brach an einem kalten, stürmischen Tag im späten Frühjahr auf, um den Stamm eines Kirschbaums emporzuklettern. Die Spatzen auf dem Nachbarbaum lachten sich einen Ast über ihre Kletterei und ein Spatz piepste ihr zu: »He, Schnecken-Dummkopf, siehst du nicht, dass auf dem Baum keine Kirschen sind?« Die Schnecke kroch weiter und sagte: »Macht nichts, bis ich oben bin, sind welche dran.« Beharrlichkeit führt irgendwann zum Erfolg, auch wenn es ein Jährchen dauert.

Eine Frage des Menschenbilds – statisch oder dynamisch

Ob man auf Stärken setzt oder sein Leben nach seinen Leidenschaften ausrichtet, hängt auch von unterschiedlichen Selbstbildern ab. Das statische Menschenbild geht davon aus, dass wir Fähigkeiten, Talente und Intelligenz mit der Geburt in die Wiege gelegt bekommen und sich an dieser Grundausstattung nichts Entscheidendes mehr ändern lässt. Entweder gibt der Motor eine hohe PS-Zahl her oder er gibt sie eben nicht her. Entweder man hat Talent oder man hat es nicht. Das dynamische Selbstbild dagegen lehnt diese starre Auffassung ab. Fähigkeiten und Intelligenz sind vor allem ein Resultat von Ausdauer und Übung. Da lacht uns die Ausdauer schon wieder an. Wir haben es in der Hand, wie sich unser Können entwickelt, und das hängt von uns und unserem Dranbleiben ab.

Die Stanford-Psychologin Carol Dweck hat in einer Studie herausgefunden, dass Menschen mit statischem Selbstbild Herausforderungen leichter aus dem Weg gehen als solche mit einem dynamischen Selbstbild. Das dürfte daran liegen, dass die Dynamiker in der Herausforderung auch eine Chance auf neue Übungs- und Lernerfolge sehen, während die Statiker vor allem Angst um ihr eigenes Selbstbild haben. Wenn sie dies oder jenes nicht schaffen, ist das in ihrem Weltbild ein Hinweis darauf, dass sie nicht so talentiert sind, wie sie angenommen hatten. Und das wäre fatal, weil nicht mehr rückholbar. Was man als Baby mitbekommen hat, begleitet einen das ganze Leben. Ist die Grundausstattung schlecht, ist das Kind sozusagen schon in den Brunnen gefallen. Ich denke, es ist unschwer zu erkennen, welches Weltbild in diesem Buch hilfreich ist. Die Abwendung von einem statischen Menschenbild ist richtig und wichtig, sie gibt den Menschen wieder die Zügel in die Hand. Nichts ist schlimmer, als wenn Menschen das Gefühl haben, dass, egal was sie tun, es sowieso nichts an ihrem Leben ändert. Hoffnungslosigkeit führt geradewegs in den Sumpf. Wenn es eben nicht von einem diffusen, genetisch ohnehin vorherbestimmten und deswegen auch kaum beeinflussbaren Talent abhängt, was man im Leben wird, dann ist das Individuum wieder voll im Spiel.

Optimist oder Pessimist

Einer der bislang noch weitgehend unterschätzten Einflussfaktoren auf den persönlichen Erfolg ist die sogenannte Attribution. So nennt Martin Seligman, der Übervater der positiven Psychologie, die Muster, mit denen Menschen sich ihre Erlebnisse erklären. Es gibt zwei verschiedene Idealtypen. Auf der einen Seite den Pessimisten und auf der anderen den Optimisten. Das ist nun wenig verwunderlich. Jeder kennt Freunde, Bekannte oder Familienangehörige, die ein und dasselbe Erlebnis sehr unterschiedlich erleben würden. Das ist die alte Frage, ob ein Glas halb voll oder halb leer sei. Wobei manche schon froh sind, wenn überhaupt etwas im Glas ist. Die Frage, ob man Pessimist oder Optimist ist, stellt sich allerdings auch abseits von philosophischen Debatten über den Befüllungszustand von Trinkgefäßen. Und zwar tausendfach im Alltag. Auch Fußballer tragen ihren Teil dazu bei, wie der Österreicher Toni Polster mit seinem wunderbaren Spruch »Ich bin Optimist, sogar meine Blutgruppe ist positiv«.

Es ist schon gut zehn Jahre her, dass ich damals meinen Mann überreden konnte, zu einer Großveranstaltung mit der Managementtrainerin Vera Birkenbihl zu gehen. Im großen Saal der Meistersingerhalle in Nürnberg saßen über 1.000 erwartungsfrohe Menschen. Wir mittendrin. Vera Birkenbihl stand auf der Bühne, in einer gelb-rot-gemusterten Schlabberjogginghose, redete und malte dazu ihre ganz eigenen Gedankenkarten auf die Overheadfolien. An vieles kann ich mich nicht mehr so genau erinnern, aber diese Geschichte und ihre Auflösung habe ich bis heute noch genau im Ohr:

Die Geschichte vom Morse-Operator

Die Geschichte trug sich Ende der 1920er-Jahre in New York zu. Mitten in der großen Rezession. Eine Firma hatte einen Job für einen Morse-Operator ausgeschrieben. Der Text der Anzeige lautete: »Wir geben jedem eine Chance.« Es meldeten sich 300 Leute. Die Firma hatte in einer Riesenhalle einige kleine Interviewräume eingerichtet und verteilte Nummern in der Reihenfolge des Ankommens. Es gab nicht genügend Stühle, sodass viele der Bewerber sich gottergeben auf den Boden setzten, um zu warten. Es war heiß, Baustellenlärm, im Hintergrund wurde gehämmert, und immer noch kamen Bewerber. Da erschien ein junger Mann, der die Nummer 254 erhielt (er war also erst relativ spät aufgetaucht), und auch er setzte sich auf den Boden. Nach zwei Minuten stand er auf, ging zu einer Tür auf der anderen Seite der Halle, nahm den Hut ab, klopfte, wartete überhaupt nicht, ob jemand »Herein« sagte, sondern betrat einfach den Raum. Drei Minuten später kam ein älterer Herr im zweireihigen Nadelstreifenanzug aus dem Zimmer und verkündete, dass alle nach Hause gehen könnten, der Job sei gerade vergeben worden.

An dieser Stelle unterbrach Vera Birkenbihl die Geschichte und fragte das Publikum: »Was für ein Gefühl haben Sie jetzt? Was denken Sie jetzt? Schreiben Sie Ihre Gedanken zu der Geschichte auf die vorbereiteten Zettel, wir sammeln sie ein und werten die Blätter in der Pause aus.« Auf dem Blatt, das sich auf jedem Platz befand, stand:

Vervollständigen Sie bitte diesen Satz:

Die Welt ist voller _____

Nach der Pause erzählte Vera Birkenbihl, dass Sie schon über 12.000 Zettel gesammelt hätte. Die typischen Antworten darauf wären ziemlich ähnlich. Und drei Viertel davon zeugten von einer negativen Einstellung. Häufig wurde notiert: »Die Welt ist voller Vitamin B«, »Die Welt ist voller Dinge, die mich nix angehen«, »Die Welt ist voller Spezlwirtschaft«, »Die Welt ist voller Ungerechtigkeit«, »Die Welt ist voller älterer Herren, die was zu sagen haben«. Nur zu einem kleinen Teil waren die Zettel mit positiven Ergänzungen versehen, zeigten Freude für den jungen Mann oder demonstrierten Neugier, indem sie sich fragten, was passiert sein könnte.

Dann erzählte Vera Birkenbihl die Geschichte zu Ende:

Der distinguierte ältere Herr erklärte den Wartenden, warum der junge Mann den Job bekommen hatte. Er rief den mit mürrischer Miene Herumstehenden zu: »Sie alle saßen oder standen da, Sie alle hörten das Hämmern im Hintergrund. Sie dachten wohl, wir würden renovieren, aber wir renovieren nicht! Im Hintergrund hat einer unserer Mitarbeiter mit dem Hammer Morsezeichen geklopft. Sie lauteten: ›Wenn du das verstehst, gehe zu Raum Nr. 1.120, klopfe an, warte nicht auf ein ›Herein‹ und du hast den Job.‹«

Ein Raunen ging durch die Meistersingerhalle. Und ich nahm drei wichtige Erkenntnisse aus diesem Abend mit:

Zum einen: Bleib neugierig und offen! Wenn man mit dem Kopf nur bei seinen eigenen Dingen ist, dann entgeht einem vieles.

Zum anderen: Unterschätze nicht die vielen negativen Gedanken, die unterwegs sind! Es scheint für unseren Kulturkreis normal zu sein, pessimistisch an eine Sache heranzugehen.

Und als Sahnehäubchen: Ich habe den tollsten Mann überhaupt. Auf seinem Zettel stand nämlich: »Die Welt ist voller Schlagzeuger.« Was für eine wunderbare Deutung der Geschichte (auf meinen Zettel schrieb ich – sehr viel prosaischer: »Die Welt ist voller Überraschungen«).

Optimismus kann man lernen

Natürlich ist das eine Geschichte, die mit der Realität wenig zu tun hat, aber die Reaktionen auf diese Geschichte zeigen, wie unterschiedlich sich die Frage, ob man Pessimist oder Optimist ist, auf die Wahrnehmung und Verarbeitung ein und desselben Erlebnisses auswirken kann. Und diese Art der Verarbeitung ist es, die der Psychologieprofessor Martin Seligman meint, wenn er von »Attribution« spricht. Die Frage, wie man Erlebnisse interpretiert, glaubt er, wirkt sich viel wesentlicher auf den Erfolg in Beruf und Privatleben aus als die Frage nach dem Talent. Ist das eine gute Nachricht? Halleluja, Schwester – aber ja, denn Optimismus kann man lernen, Talent dagegen hat man – oder man hat es eben nicht.

Was genau sind aber die Unterschiede zwischen Pessimisten und Optimisten und was muss man tun, um Rückschläge nicht zu persönlich zu nehmen und sich so die Kraft für weitere Gipfelstürme zu erhalten? Nehmen wir ein weiteres Beispiel: zwei Außendienstmitarbeiterinnen, identische Ausbildung, gleiche Produkte, ähnliche Kunden und eine herbe Abfuhr bei dem ersten Kunden des Tages. Da fängt der Tag schon gut an. Der Kunde fand beide Produkte der zwei Außendienstmitarbeiterinnen gleich unnütz. Ihm stand an diesem Tag überhaupt nicht der Sinn danach, sich mit neuen Produkten zu beschäftigen, und das sagte der Kunde auch überdeutlich: »Was wollen Sie mir denn verkaufen? Das ist doch unnütz und viel zu teuer.« Vertreterin Pessi verlässt zutiefst niedergeschlagen den Kunden und hadert mit sich. »Hat der Kunde recht?«, fragt sie sich. »Ist das alles nur dummes Zeug? Drehe ich den Leuten Mist an? Sind die Produkte wirklich unnütz?«

Vertreterin Opti verlässt den Kunden ebenfalls nicht in Hochstimmung. »Was für eine miese Laune der hatte. Ha, wahrscheinlich hat ihm heute morgen der Toaster seinen Toast gefressen und nicht mehr ausgespuckt. Oder sein Wagen ist nicht angesprungen. Vielleicht tut ihm auch nur irgendwas weh.« Sie setzt sich ins Auto und fährt zum nächsten Kunden. »Den Schlechtgelaunten habe ich für heute schon hinter mir«, denkt sie und nimmt die Treppe statt den Fahrstuhl zu ihrem Termin.

Tja, was denken Sie? Wer wird wohl beim zweiten Kunden mehr Erfolg haben? Da gibt es wohl wenig Zweifel: Verkäuferin Opti, die die Schuld nicht bei sich sucht, ohne erodierende Selbstzweifel ist und mit positiver Einstellung ins nächste Gespräch geht.

Aller guten Fragen sind drei

Es sind vor allem drei Fragen, in denen Optimisten und Pessimisten nach einer Niederlage unterschiedlicher Auffasssung sind:

Erstens: Die Frage nach der **Dauerhaftigkeit** des Rückschlags: Pessimisten nehmen an, negative Einflüsse gelten dauerhaft und unternehmen deswegen auch nichts dagegen: (»Die Produkte sind mies und bleiben mies, daran kann ich im Vertrieb nichts ändern.«) Optimisten halten negative Einflüsse für vorübergehende Störfeuer, die man aktiv umgehen kann: (»Die Stimmung von dem Typen war mies. Auf zum Nächsten, der wird besser gelaunt sein.«)

Zweitens: Die Frage nach dem **Wirkungsbereich** des Rückschlags: Optimisten halten Negatives für begrenzt – nächster Kunde, bessere Laune –, Verlierer für global wirksam – bei den Produkten kriegt jeder schlechte Laune.

Drittens: Die Frage nach der **persönlichen Betroffenheit**: Pessimisten fühlen sich für Niederlagen verantwortlich, auch wenn sie gar nichts dafür können (»Mein Gott, die Produkte sind mies. Warum verkaufe ich so einen Mist?«). Optimisten erleben sich umgekehrt auch als Urheber von Siegen, mit denen sie selbst gar nichts zu tun haben. Ich halte schließlich meine Fettpölsterchen auch für unwiderstehliche Kurven.

In den USA nutzen mittlerweile einige Unternehmen die Erkenntnisse der Attributionsforschung für die Auswahl ihrer Mitarbeiter. Die amerikanische Versicherungsgesellschaft Metropolitan Life hat festgestellt, dass Bewerber mit pessimistischen Interpretationsmustern nach Ablauf eines Jahres doppelt so häufig das Unternehmen wieder verlassen haben als solche mit optimistischen. Ein unmittelbar greifbarer Vorteil der Optimisten, denn Personalwechsel kosten Unternehmen bares Geld.

Der Pessimist und der Optimist sind die beiden Pole einer Skala. Und, wie das meistens so ist im Leben, sind die Extreme eher selten. Auch hier soll nicht einem Ultra-Optimismus das Wort geredet werden, der die Realität einfach ignoriert, gemäß dem bayerischen Sprichwort »Was schert's

die Eiche, wenn die Wildsau sich daran reibt«. Ein völlig
blinder Optimismus kann einen nämlich auch in allerlei
Schwierigkeiten bringen – beruflich wie privat. Menschen,
die sich an ehrgeizigen Projekten fürchterlich verheben,
weil sie in ihrer grenzenlosen Begeisterung alle Schwierigkeiten ausblenden, wird die postive Lebenseinstellung eines
Tages mal abhandenkommen. Auch so kann man frustriert
und erschöpft lebenslänglich auf einer Couch im Jammersumpf landen. Es ist nicht alles machbar, nur weil man fest
genug daran glaubt. Und es schadet gelegentlich auch
nichts, den Fehler für ein Versagen mal bei sich zu suchen
– deswegen muss man sich selbst ja nicht gleich grundsätzlich verdammen. Hat man die ganze lange Skala der Attri-
butionsmuster im Blick – dann gibt es allerdings keinen
Zweifel, auf welcher Seite der Mitte man am besten stehen
sollte: Optimismus macht das Leben leichter. Und zwar auf
zwei sich gegenseitig bedingenden Ebenen. Der Optimist
sieht die reale Welt durch eine rosa eingefärbte subjektive
Brille und weil er das tut, wird die Welt für ihn ganz objektiv ein bisschen netter in der Farbgebung. Optimisten glauben an ihren Erfolg und weil sie an den Erfolg glauben, haben sie Erfolg. Eine Art »Self Fullfilling Prophecy« der
guten Laune.

Starten Sie Ihr P.O.P.

Ja, ich bin ein Mensch mit Talent. Und wissen Sie: Je mehr
ich übe, desto mehr Talent habe ich. Dieser Satz nimmt das
Talent augenzwinkernd auf die Schippe, denn die Beispiele
haben gezeigt, dass nicht von vornherein festgelegt ist, wer

was wie gut kann, wer Erfolg im Leben hat oder nicht. Sicher: Es gibt Voraussetzungen, die Erfolg begünstigen. Der eine bringt mehr natürliche Fähigkeiten in diesem, der andere mehr Talent für jenen Bereich mit. Im Vergleich zu dem allerdings, was Einstellung, Motivation und Beharrlichkeit aus den natürlichen Bedingungen eines Menschen machen können, spielen die persönlichen Talentvoraussetzungen eine untergeordnete Rolle. Selbst ohne die »Grundeignung« für ein Gebiet wird es bei ausreichend Engagement, Übung und der richtigen Einstellung gute, vielleicht sogar sehr gute Leistungen geben. Das erfährt nur keiner, weil alle Welt das Ergebnis sieht, nichts von der harten Arbeit weiß, die hinter dem Erfolg steckt, und die Leistung deshalb als Ausfluss eines naturgegebenen Talents sieht.

Das ist ein kurioser Prozess, weil er das schiefe Bild vom Zusammenhang zwischen Leistung und Talent in steter Schräglage hält. Die Welt wertet jeden Erfolgreichen als Beweis dafür, dass das individuelle Können Ausfluss der natürlichen Anlagen ist. Sie wissen es nun besser: Die Devise lautet: »Üben, üben, üben. Dranbleiben, dranbleiben, dranbleiben – jede Stunde wird sich bemerkbar machen.« Und starten Sie – wenn Sie nicht schon längst angefangen haben – mit P.O.P., Ihrem **P**ersönlichen **O**ptimismus-**P**rogramm. Sehen Sie die Welt positiv, lassen Sie sich nicht von Selbstzweifeln zerfressen. Stattdessen bleiben Sie lieber voller Begeisterung und Motivation an den Dingen dran, die Sie zu Höchstleistungen motivieren. Falls Sie dazu ein P.O.P.-Liedchen aus dem Leben des Brian pfeifen möchten, nur zu:

»Kopf hoch, Brian! Du weißt doch ,wie es heißt. Ja, es gibt Dinge im Leben, die sind nun mal nicht schön, und das kann einen wirklich manchmal verrückt machen. Und dann passieren wieder Dinge, da schwörst und fluchst du nur. Und wenn du nun am Knorpel des Lebens rumkaust, sei nicht sauer deswegen. Nein, pfeif dir doch eins! Denn Pfeifen hilft dir, die Dinge auf einmal ganz anders zu sehen, verstehst du?«

 So always look on the bright side of life …

Warum Krokodile nicht lachen

Stress ist anstrengend. Er hat ein ziemlich schlechtes Image, aber es hat schon seinen Grund, dass es ihn gibt. Etwa wenn es darum geht, dem Horn eines Wollnashorns zu entkommen, in der Nacht vor Abgabeschluss die letzten 80 Seiten der Zulassungsarbeit in den Rechner zu hacken oder mit einem beherzten Sprung dem heranrollenden 40-Tonner Platz zu machen. Ohne Stress wären wir tot. Wir brauchen ihn immer dann, wenn es um alles oder zumindest um sehr vieles geht. Er pusht uns und sorgt dafür, dass uns Dinge möglich sind, die wir sonst nicht schaffen würden. Stress ist so eine Art Notfall-Raketenantrieb, den wir zünden, wenn es eng wird. Kann er bei den »Mühen der Ebenen« helfen? Kaum, weil sich für den langen Weg durch die Ebene nicht der mit viel Stress verbundene Sprint eignet, sondern der stressarme Dauerlauf.

Stress ist Doping für Sprinter. Für die, die auf kurzer Strecke Höchstleistungen bringen müssen – egal ob am Computer für die Arbeit oder in der Steppe für die Flucht vor dem Wollnashorn. Er ist der Turbo für Körper und Geist, die Reserve für den Notfall. Gesund ist er auf Dauer nicht, weil es kein Mensch lange aushält, wenn man Körper und Geist hartnäckig im roten Bereich laufen lässt. Es ist in etwa so, als würde man seinen Fiat Panda beständig im ersten Gang in Richtung 100-Stundenkilometer-Marke jagen. Er fährt tatsächlich schneller – aber er geht auch sehr viel schneller kaputt.

Stress auf der Langstrecke

Um die Ebenen unseres Lebens zu durchqueren, ist vielmehr eine ganz andere Qualität gefragt. Wir befinden uns hier auf der Langstrecke. Wenn hier jemand die ersten 100 Meter in Weltrekordzeit zurücklegt, nötigt das dem erfahrenen Marathonläufer nur ein müdes Lächeln ab. Der Weg ist noch lang und wichtig ist in allererster Linie, dass man überhaupt ankommt. Bei der Langstrecke geht es um Ausdauer und Konstanz, hier sind Rezepte gefragt, die dauerhaft funktionieren. Und Stress gehört nicht zu diesen Rezepten. Er kann sich sogar ausgesprochen kontraproduktiv auf die Performance auswirken und sollte deshalb im Alltag nichts verloren haben. Wer den Turbo braucht, um auf der Langstrecke sein Tempo hoch zu halten, wird das Ziel nicht sehen, weil er unterwegs zusammenbricht.

Stress macht uns im Alltag zwar schnell, beim Arbeiten, beim Staubsaugen, beim Kommunizieren mit Menschen, aber er macht uns auch schlechter, weniger sorgfältig in dem, was wir tun. Bei der Flucht geht es ums Wesentliche und nur um das. Ob man sich bei der Flucht das Bein bricht oder den Kollegen über den Haufen rennt, ist für das gestresste Gehirn zweitrangig. Apropos Gehirn. Das lohnt in puncto Stress einen genaueren Blick, immerhin entsteht genau dort dieses Phänomen, das uns in der Steinzeit zwar vor Wollnashörnern rettete, aber im modernen Alltag zunehmend für Probleme sorgt.

Was genau ist Stress eigentlich?

Eine Definition lautet: »Stress ist die körperliche und geistige Reaktion auf erhöhte Belastung von außen.« Ist etwas stressig, dann fließt das Adrenalin in Strömen durch den Körper, das sympathische Nervensystem hat gut zu tun und die Nebennieren legen Sonderschichten ein. Das Resultat sind Angst, Furcht, Wut oder Aggression. Starke Emotionen, die unseren ganzen Körper in erhöhte Alarmbereitschaft versetzen. Dieser Mechanismus hat allerdings seine Schwächen, denn es gibt keinen Schalter, mit dem wir ihn nach Bedarf an- und ausknipsen könnten. Wir können nicht willentlich entscheiden, wann die Stressroutine in uns anspringt, und zwar weil wir unsere Gefühle nur bedingt beeinflussen können. Empfinden wir etwas als stressig, dann ist es stressig. Ob da nun ein Wollnashorn rumsteht oder nicht. Nicht wir haben die starken Emotionen im Griff, sondern sie haben uns im Griff. Angst, Furcht, Wut oder Aggression können uns zum Tier machen, das nur noch reflexhaft reagiert, anstatt das eigene Handeln in der Hand zu haben.

Lachen ist eine Wunderwaffe

Und wie kommt man dazu, das eigene Handeln im Griff zu haben? Mit Lachen. Lachen? Ehrlich – kein Spaß. Lachen ist eine körpereigene Droge, ein gesundheitsfördernder Körpermechanismus. Kein Anti-Stress-Mittel ist einfacher, billiger und gesünder. Stress sorgt dafür, dass im Gehirn der Botenstoff Dopamin aktiviert wird und ein intensives Wohlgefühl entsteht. Und das ist noch längst nicht alles. Da braucht man nur mal den Gelotologen um die Ecke zu fragen, der erklärt einem das gerne. Gelotologe? Ja, ein Lachwissenschaftler. Ein anerkannter Wissenschaftszweig. Der Gelotologe jedenfalls würde feststellen, dass während des Lachens körpereigene Opiate und Katecholamine ausgeschüttet werden, die schmerzstillend und stimulierend wirken. Dass sich die Produktion von Immunstoffen drastisch erhöht, die für die Bekämpfung von Krankheiten zuständig sind. Dass die Werte des Immunblockers Cortisol, die bei Stress zu hoch sind, sich halbieren. Dass das Zwerchfell und der Solarplexus intensiv massiert werden. Und und und … Lachen ist, was die Gesundheit betrifft, eine echte Wunderwaffe. Eine, die auf natürliche Weise gegen Stress hilft, indem sie für Entspannung sorgt. Mitarbeiter, die viel lachen, sind stressresistenter und sehr viel kreativer. Lachen kann Konfliktsituationen die Schärfe nehmen und Teams zusammenschweißen. Wenn die Mitarbeiter zum Lachen nicht bis nach Feierabend warten müssen, steigen die Chancen, dass das mit dem Stressabbau vernünftig funktioniert. In Zukunft könnten also die Chefin oder der Chef den Mitarbeitern mit gutem Beispiel vorangehen. Selber lächeln, alberne Gespräche in der Kaffeeküche gut finden oder sich selbst auf den Arm nehmen.

Humorvorlieben

»Kein Geist ist in Ordnung, dem der Sinn für Humor fehlt«, meinte Samuel Coleridge. Aber was humorvoll ist, darüber gibt es die unterschiedlichsten Meinungen, je nach Geisteshaltung, Charakter und der Kultur, aus der jemand kommt. Meine Humorvorlieben führen mich deshalb oft in Gefilde, die andere für eine Wüste halten, in denen ich selbst aber nur blühende Landschaften erkennen kann. Zum Beispiel liebe ich diesen kleinen Witz: »Wo wohnen Katzen? – In einem Miezhaus.« Und ich weiß aus eigener Erfahrung, dass es genügend Menschen gibt, die diesen Witz überhaupt nicht witzig oder humorvoll finden. Es gibt ja bekanntlich 1.001 Variante von Humor. Das Groteske, das Heitere, das Witzige, das Lustige, der Slapstick, die Albernheit, die Hanswurstiade … Die Menschen lachen über alles Mögliche: über die derben Wassereimerschlachten von Zirkusclowns und Stan Laurels und Oliver Hardys Klaviertransporte, über den schnellen Wortwitz der Marx Brothers, über den feinsinnigen Humor eines Loriot oder den skurrilen eines John Cleese in *Fawlty Towers*. Welche Art Humor Menschen bevorzugen, ist völlig egal, solange es kein Zynismus oder Sarkasmus ist. Lachen, das andere bloßstellt, herabsetzt oder verletzt, ist ein Machtinstrument, das vor allem dazu dient, die Überlegenheit des Lachers zu zeigen. Der, über den gelacht wird, ist – auf gut bayrisch – der Depp. Wichtig ist, dass Humor beim Durchhalten und beim Denken hilft. Humor ist nicht nur eine »Wäre auch irgendwie schön«-Sache, so wie Weltfrieden und genießbares Kantinenessen, Humor ist ein knallhartes Thema. Um ernst zu sein, genügt Dummheit, während zur Heiterkeit ein großer Verstand unerlässlich ist.

Gehen wir einen Schritt weiter: Bei Humor, Lachen und Lächeln geht es um unseren Verstand, komplexe Hirnchemie und unser Gehirn. Und das führt uns direkt und geradewegs zu den Krokodilen.

Krokodile und die Lachdroge

So ein Krokodil ist aus evolutionärer Sicht ein ziemlich optimiertes System. Es atmet, isst, trinkt, schläft und hat Sex – seit gut 250 Millionen Jahren. Und das funktioniert hervorragend. Immerhin gehört das Krokodil zu den erfolgreicheren, weil beständigen Lebensformen der Erde. Ob es der Mensch jemals auf 250 Millionen Jahre auf dem blauen Planeten bringen wird? Geht man zu seinen Ursprüngen als Menschenaffen zurück, ist er erst vor rund 2,5 Millionen Jahren hier aufgetaucht. Das Krokodil gibt es mit vergleichsweise einfacher Gehirnsoftware also schon 100-mal so lang wie den Menschen. So groß ist der Unterschied dann aber doch nicht. Bestimmte grundlegende Bedürfnisse werden beim Menschen genauso gesteuert wie beim Krokodil, nämlich durch das Stammhirn. Das ist für

alle lebenswichtigen Systeme wie Herzfrequenz, Nahrungs-
aufnahme, Blutdruck, Atmung oder die Darmtätigkeit verantwortlich, zudem für einige wichtige Reflexe wie den
Lidschluss-, Schluck- oder Hustenreflex.

An das Stammhirn schließt sich der Thalamus an, das Tor
zum Bewusstsein. Er fungiert als Filter und Verteiler, entscheidet, welche Sinneseindrücke ins Bewusstsein dringen
sollen, und leitet sie an die entsprechenden Verarbeitungs-
zentren weiter. Der Hypothalamus dient als Vermittler zwischen Hormon- und Nervensystem. Dabei steuert er zum
Beispiel den Schlaf-Wach-Rhythmus, Hunger und Durst,
aber auch den Sexualtrieb und verarbeitet Schmerz- und
Temperaturempfinden. Das Stammhirn bildet die Schnitt-
stelle zwischen dem übrigen Gehirn und dem Rückenmark.
Im normalen Alltag arbeitet das Stammhirn im Maschi-
nendeck des Gehirns. Es sorgt dafür, dass wir das Atmen
nicht vergessen, während wir ein besonders spannendes
Buch lesen, es erinnert uns daran, müde zu werden, wenn
wir abends vor dem Fernseher sitzen, und es sendet Hun-
gersignale aus, wenn wir vor lauter Arbeit mal wieder die
Mittagspause am liebsten ausfallen ließen. Das sind zen-
trale Funktionen für die Existenz des Individuums und
deswegen verwundert es auch nicht, dass das Stammhirn
der stammesgeschichtlich älteste Teil des menschlichen
Gehirns ist. »Erst die Pflicht, dann die Kür« gilt offenbar
auch für die Evolution.

Im menschlichen Hirn steckt ein Krokodil

Das Stammhirn ist uns im Alltag wenig bewusst, obwohl es ihn überhaupt erst ermöglicht, und wird überwiegend genetisch oder durch vorgeburtliche Einflüsse bedingt. Durch Erfahrung, Training oder Erziehung ist im Stammhirn kaum etwas zu beeinflussen. Wer Hunger hat, hat Hunger. Die basalen Überlebensfunktionen, die es regelt, sind so selbstverständlich, dass es uns gar nicht auffällt, das sie im Hintergrund als Dauerroutine ablaufen. Um unsere Atmung müssen wir uns höchstens unter Wasser oder bei Entspannungsübungen bewusst kümmern. Solange die Basisbedürfnisse befriedigt werden, ist das Stammhirn ein unauffälliger Teampartner in unserem Gehirn.

Das Krokodil hat fast ausschließlich Stammhirn im Schädel. Und deshalb lächelt der moderne Mensch auf diesen Archetyp der Evolution gern milde herab – und vergisst dabei, dass auch in seinem Kopf ein gutes Stück Krokodil steckt. Machen Sie einfach mal eine ausführliche, ausgiebige und ausgedehnte Besprechung ohne Getränke, Pausen und Essen. Es wird nicht lange dauern, und die Krokos sitzen am Konferenztisch. Die Gedanken der Teilnehmer drehen sich bald nur noch darum, wann es endlich etwas zu essen gibt. Wie schlimm so etwas enden kann, davon kann der Pilot eines Flugzeugs ein Lied singen. Die Nürnberger Nachrichten berichteten im Januar 2014 von einer Beinahe-Meuterei auf einem Linienflug. Die Passagiere mussten sieben statt der geplanten zweieinhalb Stunden auf ihren Sitzen bleiben – schlecht informiert und noch schlechter versorgt. Am Ende kam es nicht nur zu wüsten Beschimpfungen, sondern tatsächlich zu Handgreiflichkeiten zwischen Passagieren und Crew. »Nach sieben Stunden mussten wir einfach etwas essen«, versuchte ein Passagier die Eskalation zu erklären. Der Firnis der Zivilisation ist eben dünn, und das Krokodil in uns immer nur eineinhalb verpasste Mahlzeiten entfernt.

Das lässt sich auch in den Krankenhäusern dieser Welt gut beobachten. Und zwar bevorzugt an den Betten, an denen ein kleines rundes Schild mit der Aufschrift »Nüchtern« hängt. Darin liegen Patienten, die vor einer Untersuchung oder Operation nichts essen dürfen. Der durchschnittliche Westeuropäer ist zwar rein ernährungsphysiologisch durchaus in der Lage, ein ausgefallenes Frühstück zu verkraften, aber die Stimmung in diesen Betten ist in der Regel ausbaufähig. Lassen Sie nun noch ein paar organisatorische Probleme, akute Notfälle und unglückliche Zufälle zusammenkommen, und Sie warten als nüchterner Patient auch am Abend noch auf ihre Untersuchung oder Operation. Die erfahrene Schwester nähert sich solchen Betten nur noch mit »Krokodilabwehrrüstung«, denn die Patienten schnappen, bildlich gesprochen, sofort zu. Deshalb gibt es auch in vielen Schwesternzimmern einen Kühlschrank mit ein paar Joghurts und Zwieback, um die schlimmsten Krokodilschäden zu begrenzen.

Hunger ist also ein absoluter Verstandeskiller, mit Schlafmangel sieht es nicht besser aus. Übermüdung kann friedliche, wohlgesittete Menschen zu schnappenden Bestien machen. Nicht umsonst gilt Schlafentzug als Foltermethode. Fragen Sie mal Eltern mit kleinen Kindern, die gerade Zähne bekommen, Bauchweh haben oder sonstiges

Unwohlsein zu nachtschlafender Zeit mit ihren Eltern aus-
diskutieren. Nach so einer Nacht ist man als erschöpfte
Mutter versucht, seine Eierstöcke bei eBay einzustellen. Zurück zu den Zähnen, pardon, zum Krokodil. Dieses besonders erfolgreiche Exemplar der Fauna hat bei allem Erfolg
in dieser doch erheblichen Zeitspanne keine bleibenden
Leistungen hinterlassen. Die Reptilien bauten keine Pyra-
miden, sie hatten keinen Shakespeare und malten keine
Mona Lisa. Sie lachen nicht, weinen nicht, flambieren ihr
Essen nicht, ja können es noch nicht einmal mit Käse über-
backen. All das, weil nur sehr wenig Großhirn und gar kein
limbisches System in ihrem Schädel Platz finden. Dafür
ziemlich viele sehr spitze Zähne.

Die Alarmanlage des Menschen

Erst die Säugetiere, die einige Zeit später als unsere Urzeit-
Krokodile das Licht der Welt erblickten, hatten ein limbisches System mit an Bord – den Gefühlsknaller. In der ba-
solateralen Amygdala findet die unbewusste emotionale
Konditionierung und im Nucleus accumbens findet das
bewusste emotionale Lernen statt. Es geht um die elemen-
taren Emotionen, die das Leben so zu bieten hat: Furcht,
Enttäuschung, Freude – aber auch Dinge wie Neugierde
oder Wohlfühlen haben hier ihren Ausgangspunkt. Für uns
ist das limbische System im Moment vor allem als Alarmanlage des Menschen von Interesse. Unsere Vorfahren
mussten beim Wollnashorn-Angriff blitzschnell entscheiden: rauf auf den Baum, sich totstellen oder ihm die Keule
auf den Kopf hauen. Flucht, Starre oder Angriff sind die

Optionen, wenn es ans Eingemachte geht. Meistens hat man genau dann, wenn es hart auf hart kommt, keine Zeit mehr für grundlegende intellektuelle Erörterungen der langfristigen Folgen aller Alternativen. Eine Entscheidung muss her, auf der Stelle, sonst war das die letzte, die man nicht getroffen hat.

Wenn im Körper die Alarmsirenen schrillen, hat das limbische System seinen großen Auftritt. Dann wird es aus dem Maschinenraum nach oben auf die Kommandobrücke geholt. Im Angesicht einer Bedrohung ist Schluss mit Nachdenken und Abwägen, jetzt wird ein Profi gebraucht, der nach festen Grundsätzen und Automatismen schnell und effizient handelt. Das ist sozusagen das Kerngeschäft des limbischen Systems. In Millisekundenschnelle wird der Stress-Schalter umgelegt und Adrenalin flutet den Körper. Die Folge sind erhöhte Muskelspannung, schnellerer Herzschlag, höherer Blutdruck, reduzierte Schmerzempfindlichkeit und trockene Schleimhäute – der berühmte Frosch im Hals bei Aufregung. Wir sind ein gespannter Bogen, der nur noch darauf wartet, dass er losgelassen wird. Ob das Resultat Flucht, Starre oder Angriff ist, hängt unter anderem von unserer Kultur, unserem Charakter, unserer Erziehung, unseren Erfahrungen, den konkreten Umständen und der Einschätzung der Bedrohung ab. In einem komplizierten Zusammenspiel all dieser Faktoren wird im Moment eines Wimpernschlags eine Entscheidung produziert, an der wir, so, wie wir uns als Wesen mit reflektierendem Bewusstsein kennen, keinen Anteil haben.

Die meisten Säugetiere haben gar keine Wahl, sie operieren der Einfachheit halber mit allgemeinen Grundmustern, was einige Forscher übrigens auch für den Menschen annehmen. Das Rehlein ergreift stets die Flucht, der Löwe wählt den Angriff und das Kaninchen die Starre. Allerdings kennt diese Programmierung einige Ausnahmen. Zum Beispiel wenn es um den Schutz des Nachwuchses und damit des eigenen genetischen Erbes geht. Mein Vater war Jäger und sonntagvormittags hat er es genossen, mit seinem Hund in den Wald zu gehen. Mittags war er dann meist, mit oder ohne Mittagessen, wieder zurück. Ich erinnere mich noch gut an einen speziellen Sonntagmittag. Er stand gut gelaunt und schmunzelnd an der Garderobe, neben ihm ein Hund, der ganz offensichtlich den Glauben an die Welt verloren hatte. Was geschehen war? Herr und Hund waren überraschend auf eine Rehmutter gestoßen, und zwar so, dass weder der Hund noch das Reh vorher Witterung aufnehmen konnten. Als es zu der Begegnung kam, war an Flucht nicht mehr zu denken, das Rehkitz lag unschuldig neben der Mutter. In Sekundenbruchteilen aktivierte das limbische System der Rehmutter ein komplett anderes Programm als gewöhnlich. In diesem Fall: Angriff statt Verteidigung. Das Reh ging todesmutig auf den Hund los und für den brach augenblicklich eine Welt zusammen. Gott sei Dank nicht auf Dauer, denn beim nächsten Jagdausflug hatte der Hund sein Trauma schon überwunden. Und das Reh? Wahrscheinlich war es nicht weniger von dem überrascht, was es da getan hatte, als der Hund. Und wahrscheinlich erzählen Rehmütter tief in den fränkischen Wäldern noch bis heute ihren Kitzen die Geschichte dieser tapferen Ricke.

Unabhängig von dem Programm, das unser limbisches System als adäquate Antwort auf die Bedrohung auswählt, gibt es heutzutage ein Problem. Den Hormoncocktail, den unser Körper bereitgestellt hat, hatten wir als Steinzeitjäger bereits beim Davonlaufen vor den Wollnashörnern oder beim Angreifen des Säbelzahntigers abgearbeitet. Die Stressreaktion hatte ihren körperlichen Zweck erfüllt, wir waren gerettet. So solide uns diese Reaktion durch die Jahrhunderttausende getragen hat, so problematisch wird sie heutzutage. Ähnlich wie bei der starken Prägung durch negative Erlebnisse leiden wir auch hier unter einem archaischen Verhaltensmerkmal, einer Art evolutionärem Rudiment, das früher Leben rettete und das Leben heute komplizierter macht. Das grundlegende Problem ist, dass sich die Bedrohungslagen fundamental verändert haben, der Mensch aber immer noch mit den Routinen aus der Urzeit reagiert. Wollnashörner und Säbelzahntiger sind ausgestorben – weder der Hausmann auf dem Spielplatz noch die Managerin im Meetingraum müssen damit rechnen, lebensbedrohlichen Gefahren ausgesetzt zu sein. Die Auseinandersetzung mit dem Chef, die Fahrt zum Arbeitsplatz, der Streit mit dem Kollegen oder der Umgang mit einem schwierigen Kunden wird von vielen menschlichen Gehirnen emotional trotzdem als Wollnashornangriff, als existenzielle Gefahr eingestuft.

Moderner Alltag, urzeitliche Reaktion

Das Szenario der Bedrohung ist dabei durchaus echt, immerhin kann ein Streit mit dem Chef die wirtschaftlichen Grundlagen gefährden. Nur die Art der Reaktion ist völlig überholt und zudem wenig hilfreich. Bei leichten Angstreaktionen sind wir schnell wieder in Ordnung, sind wir allerdings starkem Stress ausgesetzt, kann es Stunden dauern, bis wir uns abgeregt haben. Und in der Zeit können wir einigen Blödsinn anstellen, der uns im besten Falle nur nicht weiterhilft, in einem schlimmeren tatsächlich die Kündigung und eine Klage wegen Beleidigung einbringt.

Wir sollten in unserer modernen, weitgehend gefahrlosen Welt also tunlichst darauf achten, dass unser Großhirn das Sagen behält. Dort wird gedacht, geplant und erinnert. Das Großhirn ist zuständig für all die Dinge, auf die man sich in zivilisatorischer Sicht etwas einbildet: Kunst, Musik, Literatur, Philosophie, das Schmieden von Plänen und Strategien und alles, was uns sonst noch umgänglich und intelligent macht. Wenn Sie jetzt diese Seiten lesen und sich selbst dabei die Worte mit Ihrer Lesestimme leise im Kopf vor sich hin murmeln hören, dann geschieht das in Ihrem Großhirn. Sagen Sie ruhig mal »Hallo« zu ihm.

Kommandobrücke oder Zwangsurlaub

Wer aber entscheidet, was eine Bedrohung ist und wann das limbische System auf die Kommandobrücke darf und das Großhirn Zwangsurlaub bekommt? Das limbische System selbst. Nun macht es hirnphysiologisch einen ziemlich gewaltigen Unterschied, wie dieses Analysetool eine Situation außerhalb des eigenen Ichs bewertet: angenehm oder bedrohlich. Im einen Fall fluten Stimmungsaufheller den Körper, im anderen heißt es dank einer ordentlichen Portion Adrenalin schnell: »Schotten dicht!« Signalisiert das limbische System Gefahr, dann sitzt – ruck, zuck! – ein vollkommen von Instinkten gesteuerter Steinzeitmensch mit hysterischer Schnappatmung im Auto oder Bürosessel. Der übernimmt immer dann, wenn wir uns angegriffen fühlen, überfordert, überarbeitet, gereizt oder verängstigt sind. Unser Großhirn, das so schön denken kann, geht dann spazieren und mischt sich nicht ein. Es soll wahre Großhirntreffen geben, die sich auf langen Fluren vor den Besprechungsräumen abspielen. Da geht dann Großhirn A spazieren und fragt Großhirn B: »Was machen Sie denn hier?« – »Ach«, antwortet es, »mein Chef kämpft gerade mit Ihrer Chefin im Besprechungsraum ums Überleben, das kann noch dauern.« – »Na dann«, meint Großhirn A. Die Tür geht auf, und schon steht Großhirn C auf dem Flur und seufzt: »Und ich dachte schon, heute darf ich mal mitarbeiten.« Die Stimmen im Konferenzraum werden inzwischen immer lauter. Die Großhirne sehen sich an und zucken die Achseln: »Da mischen wir uns nicht ein«, sagen sie im Chor.

Ein Großhirn geht spazieren

In viel zu vielen Fluren und Gängen unserer Arbeitswelt wandeln Großhirne sinnlos auf und ab, die doch in den Büros und Konferenzräumen so dringend gebraucht würden. Natürlich schickt niemand bewusst sein Großhirn spazieren. Aber vielleicht erinnern Sie sich an eine Situation, in der Ihnen ein Mensch ein sehr fragwürdiges Kompliment gemacht hat, zum Beispiel: »Na, heute schauen Sie aber wirklich mal richtig gepflegt aus.« Meistens bleibt einem da die Luft weg und ein cooler Satz will einem schon gar nicht einfallen. Wie auch? Unser Großhirn, in dem die Sätze parat liegen, geht ja spazieren. Angesichts dieser Unverschämtheit hat unser limbisches System das Großhirn schon längst weggeschubst und sich selbst zum Chef befördert. Abends auf dem Sofa, mit einem Gläschen Rotwein, entspannt in einer Zeitschrift blätternd, da kommt das Großhirn dann und schlägt uns Sätze vor, wie wir die Unverschämtheiten mit leichter Hand hätten parieren können. Früher habe ich mich dann geärgert, nach dem Motto: »Jetzt brauche ich die Antwort nicht mehr. Heute Morgen hättest du sie mir geben können, blödes Großhirn.« Mittlerweile freue ich mich, wenn mir abends auf der Couch einfällt, dass ich dem »Na, heute schauen Sie aber wirklich mal richtig gepflegt aus«-Typen einfach freudig und überzeugt hätte sagen können: »Ja!« Das simple Wörtchen, freudig und überzeugt ausgesprochen, nimmt einem unverschämten Gegenüber meist komplett den Wind aus den Segeln. Ungünstig ist diese Lösung nur, wenn Ihr Bankbetreuer Sie darauf hinweist, dass Ihr Dispo hoffnungslos überzogen ist, und Sie ihm gut gelaunt ein freudig überzeugtes »Ja!« entgegenschmettern.

Angst macht dumm

Solange wir auf kleine Provokationen genauso reagieren wie auf einen Wollnashorn-Angriff, folgt auch unser Gehirn den archaischen Ritualen. Adrenalin pulst dann durch unsere Adern und die Muskeln schwellen. Und schon ist die Tür beim häuslichen Ehestreit zugeknallt oder dem Vorgesetzten die Meinung gegeigt. Handlungen, die nur

schwer und, wenn überhaupt, unter einiger Mühe rückholbar sind, weil das limbische System schreit: »Ich nehm nix
an, nicht einmal Vernunft.« Der moderne Mensch braucht
im Arbeitsleben aber weniger Kampfeslust als vielmehr
Großhirn zum Planen, Verhandeln und Denken. Bei all
diesen Dingen sind Wut und Aggression keine Hilfe. Angst
macht dumm. Deshalb stellt sich die Frage: Wie können
wir verhindern, dass die archaischen Teile unseres Gehirns
das Kommando übernehmen? Die Antwort schreibt und
liest sich einfach: nicht ärgern, nicht stressen und schon gar
nicht bedrohen lassen. Die Umsetzung in die Praxis ist
komplizierter, aber machbar. Denn es gibt Wege, seinem
Steinzeithirn beizubringen, dass das Wollnashorn ausgestorben ist und es im modernen Alltag zwar allerlei Ärger-
nisse zu ertragen, aber kaum akute Gefahren für Leib und
Leben auszuhalten gilt. Dabei hilft das richtige Training.
Bei den Grundbedürfnissen, die das Stammhirn verwaltet,
ist nicht viel Spielraum für Training. Man kommt nicht
umhin, sie zu befriedigen. Essen, Schlafen, Trinken, ein
existierendes Sexualleben, und man hat sein Stammhirn
zufriedengestellt.

Der Hudson River und das limbische System

Ganz anders beim limbischen System. Zwar haben Appelle
an die eigene Vernunft wenig Sinn, wenn man mal wieder
steinzeitmäßig unterwegs ist. Vermeintlich gut gemeinte
Sprüche wie »Reg dich doch nicht auf!« sind auch nicht
hilfreich, weil das Großhirn als Empfänger der Botschaft ja
gerade spazieren ist. Aber Training kann das Bedrohungs-

empfinden entscheidend verändern und das limbische System beruhigen. Wie weit das geht, zeigte Chesley B. Sullenberger, der Pilot, der im Jahr 2009 einen Airbus 320 auf dem New Yorker Hudson River in bravouröser Manier auf den Boden zurückbrachte. Ein Schwarm Wildgänse hatte das Triebwerk außer Betrieb gesetzt, der Pilot musste notlanden, mit einer Geschwindigkeit von 260 Kilometern pro Stunde auf dem Wasser aufsetzen. Und zwar nicht irgendwie, sondern exakt parallel zum Wasserspiegel, damit keine Flügelspitze vorher mit dem Wasser in Berührung käme. Der Mann wusste, dass das selten gut geht, und doch blieb er ruhig. Fast gespenstisch ruhig, wie der Mitschnitt des Funkverkehrs zwischen Flug 1.549 und dem Tower belegt. Obwohl der Mann in diesem Moment am Steuer eines abstürzenden Flugzeugs saß – also tatsächlich in höchster Lebensgefahr schwebte und mit ihm 155 Passagiere und seine Crew – verlor er in den 208 Sekunden, vom Einschlag des Vogelschwarms bis zur Notwasserung im Hudson, keinen Moment die Nerven, sondern arbeitete professionell mit seinem Großhirn an der Lösung des Problems. Der Pilot konnte so reagieren, weil er die Gefahrensituation tausendfach in Übungen durchgespielt hatte. Die spielerische Vorbereitung auf die Krise sorgte dafür, dass zu gegebener Zeit nicht das limbische System das Kommando über den Piloten bekam. Notlandung eines voll besetzten Airbusses auf einem Fluss in einer der größten Städte der Erde? »Ah ja, machen wir einmal in der Woche im Simulator«, gähnte es und legte sich wieder aufs Ohr. Kein Grund, den Panikknopf zu drücken. Als Helden sah sich Chesley B. Sullenberger nicht: »Ich bin ein durchschnittlicher Typ, der sich in einer Extremsituation gut geschlagen hat.« Vielleicht ein bisschen untertrieben, aber es waren eben tatsächlich weniger seine heroischen Fähigkeiten als vielmehr das Training, das es ihm möglich machte, die Katastrophe mit kühlem Kopf – und einer gehörigen Portion Glück – in den Griff zu bekommen.

Auf Grund gelaufen

Was passieren kann, wenn das Großhirn im Moment großer Gefahr spazieren geht, zeigt das Beispiel des Unglückskapitäns der Costa Concordia. Der Italiener steuerte den Kreuzfahrtdampfer an der toskanischen Insel Giglio vorbei, als ein vorgelagerter Felsen den Rumpf des Schiffes aufschlitzte. Ganz im Gegensatz zu dem Piloten vom Hudson bewiesen die Mitschnitte von der Brücke des Schiffes, dass dort ein tobendes limbisches System das Kommando hatte, also die blanke Panik um sich griff. Dementsprechend unkoordiniert waren die Reaktionen. Die Behörden wurden zu spät informiert, die Evakuierung zu spät veranlasst und der Kapitän höchstselbst verließ das Schiff lange bevor die Evakuierung abgeschlossen war. Angeblich, weil er in eines der Rettungsboote gestürzt war und dort ohnmächtig geworden sei, erzählte er bei späteren Vernehmungen. Offenbar war auch da sein Großhirn noch im »Spaziergangmodus«. Das Ergebnis der Katastrophe von Giglio waren 32 Tote und ein Totalschaden von 450 Millionen Euro. Schuld waren eine ganze Menge Dinge, aber sicher auch ein wenig das limbische System von Unglückskapitän Francesco Schettino.

Hurra, ein Muster!

Dass das Training des Ernstfalles Sinn macht, das will man gerne einräumen, und man kann sich auch ganz gut vorstellen, wie Piloten und Kapitäne immer wieder am Simulator die verschiedensten Ernstfälle üben. Aber: Wie bitte soll man denn den Alltag trainieren? Es ist unmöglich, sämtliche vorstellbare Szenarien eines Lebens im Vorfeld als Routinen einzuüben und stets parat zu haben, nur damit das limbische System nicht gleich Angst bekommt, wenn das Navigationssystem die Ansage macht: »Sie befinden sich in einer Sackgasse.« Muss auch nicht sein, für das tägliche Leben kann man auf andere Möglichkeiten zurückgreifen, um das limbische System zu umgarnen. Es gibt drei Möglichkeiten, die innere Alarmanlage zu entspannen. **Erstens** – nach dem Motto »Hurra, ein Muster!«: Situationen vorbereiten, **zweitens:** Situationen neu bewerten, und **drittens:** Humor.

Situationen vobereiten

Ob Sie einen Beruf als Pilotin, Rettungssanitäter, Ärztin oder Feuerwehrmann haben, in jedem Beruf, der mit bedrohlichen, schwierigen oder existenzbedrohenden Situationen zu tun hat, gehört es einfach dazu, immer und immer wieder bestimmte Situationen oder Handgriffe zu trainieren. So lange, bis man die Routine im Schlaf beherrscht. Bei weniger bedrohlichen Situationen, wie den blöden Sprüchen, die von Mitmenschen kommen, ist aber genauso eine Vorbereitung möglich. Meine Empfehlung ist, wenn Ihnen das Leben dreimal einen blöden Spruch schenkt und Ihr limbisches System das Großhirn wieder mal zum Spazierengehen verdonnert, rufen Sie sich zu: »Hurra, ein Muster!« Und dann machen Sie sich mit Ihrem Großhirn einen schönen Abend. Ganz entspannt, vielleicht ein Glas Wein oder ein gepflegtes Bier dazu – nicht zu viel, sonst geht das Großhirn schwimmen –, und dann überlegen Sie sich in aller Ruhe die passenden Antworten. Das mit dem freudig und überzeugt ausgesprochenen Wörtchen »Ja!« ist recht einfach. Falls ein Satz auf Ihre Vergesslichkeit anspielt, wie zum Beispiel: »Du hast ja ein Gedächtnis wie ein Sieb«, wie wäre es als Antwort mit einem erweiterten »Ja!«? »Genau, da bleibt nur Großes hängen.« Sollte es jemand wagen, sich über ein paar überflüssige Pfunde lustig zu machen, sagen Sie ihm: »Wenn ich esse, gebe ich auserwählten Kalorien eine Heimat«, oder: »Wie man zu so einem Körper kommt? Mit Disziplin. Da muss man halt abends etwas essen, egal ob man nun Hunger hat oder nicht.« Oder was auch immer Ihr Großhirn sich sonst noch Schönes für Sie einfallen lässt. Denken Sie nur bitte daran: Manche Erwiderungen sind so schön, dass man sie besser nicht verwenden sollte. Denn Chefs, Kunden oder Kollegen sehen die Sache oft nicht ganz so lustig wie Sie selbst. Deshalb: Die Wahl ist frei, die Folgen sind es nicht.

Situationen neu bewerten

Wirklich folgenlos für die Umwelt bleibt es, wenn es einem gelingt, eine Ausraster-Situation neu zu bewerten. Ich kann mein limbisches System toben lassen, weil der Autofahrer vor mir so langsam dahinschleicht, dass der nie geblitzt wird, sondern höchstens gemalt. Ich kann mir aber auch vorstellen, dass er etwas Zerbrechliches transportiert, um seinen Lieben daheim eine Freude zu machen. Ich kann mein limbisches System toben lassen, weil der Autofahrer hinter mir drängelt und Lichthupe gibt. Ich kann mir aber auch vorstellen, dass da ein Fan von mir fährt, der mich grüßen will. Oder statt zu giften: »Hier menschelt es nicht, hier trottelt es«, hilft vielleicht ein Satz wie »Netter Versuch des Lebens!« dem limbischen System zur Beruhigung. Werden Sie zum Großmeister in Kleinigkeiten. Bei jeder »Ärgerkleinigkeit« kann man die vermeintliche Bedrohung auch links liegen lassen und Arm in Arm **mit** seinem Großhirn gehen.

Humor – die besondere Wirkung

Die dritte Möglichkeit – Humor, Lächeln und Lachen – haben auf das limbische System eine ganz besondere Wirkung. Es signalisiert Entspannung – und zwar sofort. Und wer entspannt ist, kann unmöglich gerade davorstehen, von einer Wollnashorn-Herde zertrampelt zu werden. Das limbische System ist dann selbst in Situationen, die durchaus bedrohlich sein können, bereit, die Finger vom Alarmknopf zu lassen. Und das bedeutet, der schlaueste Teil unseres an Windungen reichen Menschenhirns bleibt an Bord: das Großhirn nämlich. Das Schöne am Humor als »Schlaumacher« ist die Tatsache, dass man über den Umgang damit komplett selbst bestimmt. Lachen kostet nichts, es ist leicht in den Alltag integrierbar und Humor wird ganz allgemein auch noch als angenehme Eigenschaft wertgeschätzt. Besser geht's wohl kaum. Trotz dieser beachtlichen Latte an Vorzügen wird das Lachen – und seine kleine Schwester, das Lächeln – im stressigen Alltag leider häufig vergessen. Seit über zehn Jahren moderiert Marietta Slomka im ZDF das *Heute Journal*, abwechselnd mit Claus Kleber. Das sind eine ganze Menge Sendungen, und sie sagt von sich, dass sie mittlerweile entspannter auf Sendung geht – aber sie sei im Studio, gerade in Interview-Situationen, oft so konzentriert wie jemand, der einen Faden in eine Nähnadel einfädelt. Deshalb musste sie lächeln lernen. Und wie geht das? »Denk daran, freundlich zu gucken. Du darfst dich nicht so vergessen in anstrengenden Situationen«, erklärte Slomka der *Süddeutschen Zeitung*. Das klappt tatsächlich.

Der Spiegel und das Queen-Elizabeth-Lachen. Ein schönes Hilfsmittel ist ein Spiegel, egal welcher Größe. Ein Blick hinein verrät Ihnen ganz schnell und unkompliziert: Möchte ich dieses Gesicht meinen Kollegen, Patienten, Kunden, Kindern zeigen? Falls Sie der Meinung sind, dieses momentane Gesicht könnte man keinem anderen Menschen zumuten, dann lächeln Sie in den Spiegel, und wenn Sie jetzt zufrieden sind, ist es Ihr limbisches System sicher auch. Wenn Sie sowieso immer guter Laune sind und ein ausgeglichenes humorvolles Kerlchen, dann können Sie sich den Spiegel auch schenken. Wirklich nützlich ist er nämlich vor allem, wenn einem gerade nicht zum Lächeln zumute ist. Wer sein Lachen und Lächeln professionell trainieren will, für den sind vielleicht Lach-Yoga-Übungen das Richtige. Ein Beispiel ist das »Queen-Elizabeth-Lachen«.

Bei dieser Übung sitzt man kerzengerade und mit möglichst viel steifer königlicher Würde, atmet tief ein, bis man aus dieser Haltung mit einem möglichst blasierten »Hoho ho-Lachen« nach links absinkt. Diese Prozedur wird in unterschiedliche Richtungen noch mit »Ha ha ha-« und »Hi hi hi-Lachern« wiederholt. Ein guter Übungsplatz ist das Auto, während man vor einer roten Ampel wartet. Und wenn man derart seltsame Verrenkungen macht, kann es schon einmal passieren, dass man nicht nur das eigene limbische System trainiert, sondern auch noch das der anderen Fahrer.

Ob man von Herzen zu lachen anfängt, darum geht es beim Lach-Yoga im ersten Schritt nicht, denn das Lachen muss gar nicht von Herzen kommen, um zu helfen. Klingt seltsam, ist aber wahr. Allein die lachtypischen Muskelkontraktionen sorgen im Körper für Entspannung – völlig unabhängig davon, ob man jetzt gerade wirklich etwas lustig findet oder nicht. Die Lach-Yoga-Übungen sind sozusagen eine Art »Liegestütze für den Humor«. Sie sind aber auch nur eine von zahlreichen Möglichkeiten, sich das Lachen beizubringen.

Ausatmen und Abschütteln. Generell erfüllen positive Emotionen den Zweck, den Körper zu entspannen und schlechte Emotionen im limbischen System erst gar nicht aufkommen zu lassen. Und Ausatmen sorgt grundsätzlich für eine Stress-Entlastung, weil in angespannten Situationen der Atem im Brustbereich festsitzt. Mit wenig Aufwand lässt sich im normalen Alltag – etwa zwischen zwei Kundengesprächen – ein positiver Impuls zur Entspannung des

limbischen Systems setzen. Zum Beispiel mit dem sogenannten Abschütteln. Dabei werden einfach die Hände
nach unten abgeschüttelt und so die Muskeln im oberen
Bereich des Körpers entspannt. Wenn also das nächste Mal
der Steinzeitmensch in Ihnen auszubrechen droht, wissen
Sie ja, was zu tun ist. Packen Sie sich selbst am Arm, schütteln Sie ihn aus und kichern Sie vor sich hin.

Sie werden sehen, das limbische System beruhigt sich, und
das sorgt dafür, dass Sie bei klarem Verstand bleiben. Ein
unschätzbarer Vorteil bei der täglichen Arbeit. Ihre Mitarbeiter überzeugen Sie leichter mit einer nachvollziehbaren
Großhirn-Argumentation als mit einem Wollnashorn-mä-
ßigen Wutanfall. Und das ist ein wesentlicher Beitrag dazu,
vernünftig durchs Leben zu kommen. Das ist schließlich Herausforderung genug. Angst macht dumm, aber wer sich mit
fröhlichem Gemüt auf den Weg macht, ist nicht nur schlicht
und ergreifend schlauer, nein, er ist auch glücklicher.

Vorsicht, spielende Kinder

Ein tobendes limbisches System ist also kein guter Ratgeber, um lange Strecken erfolgreich zu bewältigen. Darauf
gibt es so viele Hindernisse, Fallgruben und Steine, da sollte
man wirklich alle Sinne beisammen haben, wenn man sein
Ziel erreichen will. Auf dem Weg durch die »Mühen der
Ebenen« gibt es außer den tückischen Jammersümpfen
noch manch andere Gefahr, die auf den Wandernden lau-
ert. Zum Beispiel kann man sehr leicht verdursten …

Also: Wie kommt man an genügend Wasserflaschen? Und vor allem: Wie bekommt man sie regelmäßig wieder ganz von alleine voll? Das wird jetzt keine Formelherleitung für den mittleren Wasserverbrauch eines Menschen in Abhängigkeit von Geschlecht, Masse, Jahreszeit und Größe der Glatze. Natürlich ist die Wasserflasche ein Symbol. Sie ist nicht sie selbst, sondern steht für etwas anderes. Und zwar für die Motivation. Die ist derart grundlegend für das menschliche Leben, das sich der Vergleich mit dem fundamentalen Element Wasser geradezu anbietet. Maximal eine Woche übersteht der Mensch, ohne etwas zu trinken, ohne Motivation hält er es scheinbar viel länger aus. Die Motivation ist aber der innere Antrieb des Menschen. Sie ist der Wille, etwas zu tun. Man braucht sie für alles. Um in der Früh aus dem Bett zu kriechen, mittags die Diät einzuhalten und sich abends ins Fitnessstudio zu quälen. Oder weniger gesund und vorbildlich: um endlich die Glotze auszuschalten, wenn man schon längst ins Bett müsste, um mittags seine schlechte Laune nicht an den Kollegen auszulassen, weil man unausgeschlafen ist, und um sich morgens ranzuhalten, um pünktlich in der Arbeit zu sein. Motivation ist das Wasser für den Wanderer in den »Mühen der Ebenen«, der Treibstoff für den Motor.

Die Quellen der Motivation

Wie Motivation entsteht, woher sie kommt, wodurch sie ausgelöst wird, ist nicht mit einem Satz zu beantworten, denn es gibt verschiedene Arten der Motivation. Sehr häufig wird sie zum Beispiel von der Hoffnung auf Anerkennung gespeist. Was tun Menschen nicht alles in der vagen Hoffnung, einmal reich und berühmt oder von den ehrgeizigen Eltern geliebt zu werden. Ganze Fernsehformate lassen sich aus dieser Motivation heraus erklären. John Dewey brachte es auf den Punkt: »Der stärkste Trieb in der menschlichen Natur ist der Wunsch, bedeutend zu sein.« Auch die Aussicht auf Geld ist sehr motivierend, wenn auch nur bis zu einem gewissen Grad. Ist die Grundversorgung erst mal sichergestellt und kann man sich den einen oder anderen kleinen Luxus leisten, hat das Geld nicht mehr allzu große Auswirkungen auf Zufriedenheit, Glück und Motivation. Nur wer genug auf dem Konto hat, kann es sich allerdings leisten zu behaupten, Geld würde nicht motivieren. Wie etwa Marilyn Monroe, für die nicht Reichtum die Motivation für ihre Arbeit war, sondern Anerkennung: »Ich will nicht Geld machen. Ich will wundervoll sein«, hat sie gesagt.

Gemeinsam haben diese Arten der Motivation, dass ihre Quellen außerhalb der eigenen Person liegen. Für das, was man tun soll, gibt es von jemandem eine Belohnung – und wenn die Belohnung nur darin besteht, dass eine befürchtete negative Konsequenz ausbleibt. Der Nachteil der externen Motivation ist: Man kann über sie nur bedingt selbst verfügen, weil man keinen Einfluss darauf hat, für welche Ziele Anreize gesetzt werden. Das entscheidet das Außen. Der Chef setzt eine Gehaltserhöhung für besonderen Fleiß aus, das Publikum entscheidet, wer die Lorbeeren bekommt, die Eltern, ob und für was sie auf ihre Kinder stolz sind. **Extrinsische Motivation** ist wie eine Dusche, sie hält nicht für immer, aber ab und zu kann sie sehr wohltuend sein.

Das Gegenstück zur extrinsischen ist die **intrinsische Motivation**. Sie ist leicht zu bemerken, denn was mich wirklich interessiert, was aus meinem Inneren kommt, das ist die intrinsische Motivation. Wenn es mein Wunsch ist, die »Mühen der Ebenen« auf mich zu nehmen und zu einem von mir gesetzten Ziel zu kommen, dann habe ich die Quellen meiner Motivation selbst im Griff und bin ich sehr viel weniger auf äußere Motivation angewiesen. Um eine solche Art des inneren Antriebs geht es in diesem Kapitel. Dazu geht es zurück in die 1960er-Jahre.

Transaktion und die Ich-Zustände

Als Eric Berne in den 1960er-Jahren des 20. Jahrhunderts sein Modell der Transaktionsanalyse entwickelte, verwendete er eine Reihe von Begriffen, die er selbst prägte. So bezeichnete er die kleinste Kommunikationseinheit zwischen Menschen als »Transaktion«. Und unter dem Überbegriff »Transaktionsanalyse« fasste Berne Muster zusammen, die das menschliche Miteinander und die Persönlichkeitsstruktur betreffen, damit Menschen über ihre erlebte Wirklichkeit nachdenken, sie analysieren und verändern können. Für die intrinsische Motivation interessieren uns vor allem die sogenannten Ich-Zustände, die Berne definiert hat.

Die Ich-Zustände sind eine hilfreiche und genaue Beschreibung dafür, wie wir uns unbewusst verhalten und denken. Damit steuern wir uns und unser Umfeld in bestimmte Richtungen, ohne dass wir groß darüber nachdenken. Jeder der drei Ich-Zustände hat seine Besonderheit, seine eigene »Sprache«: Es gibt das Eltern-Ich, das Kind-Ich und das Erwachsenen-Ich. Die Annahme von Eric Berne war, dass man als Erwachsener Zugang zu allen drei Ich-Zuständen hat, die sich je nach Stimmung, Umständen und Transaktionspartner verändern und mischen können. Ein und derselbe Mensch kann sich in einer anderen Umgebung oder auch im Kontakt mit verschiedenen Menschen völlig unterschiedlich verhalten. Sehen Sie dem sonst so besonnenen Kollegen beim Betriebssport zu, mögen Sie ihren Augen nicht trauen: Wen Sie als den ruhigen, hilfsbereiten Mann aus dem Nachbarbüro kennen, ist dort ein tobendes Rumpelstilzchen. Aber man braucht gar nicht so weit zu gehen: Beim Besuch der Schwiegereltern ist man selbst wahrscheinlich anders, als wenn man mit Freunden ein Konzert besucht. Mit der Transaktionsanalyse lässt sich sehr gut nachvollziehen und erklären, warum das so ist.

Der erhobene Zeigefinger – das Eltern-Ich

In diesem Ich-Zustand befinden wir uns, wenn wir so handeln, denken, reagieren, sprechen oder fühlen, wie das unsere Eltern oder andere Autoritätspersonen unserer Erinnerung zufolge getan haben. Ob sie sich tatsächlich so verhalten haben, ist für unseren Ich-Zustand nicht wichtig, es geht darum, wie wir das, was sie damals sagten und taten, interpretiert und abgespeichert haben. Da geht es natürlich um Wertvorstellungen, um die Frage, was »man« macht und was »man« eben besser nicht macht. Es geht aber auch um unterschiedliche Arten des sozialen Umgangs zwischen Autorität und Kind. Entweder Fürsorge und Belohnung oder aber Ärger und Strafe. Das sind die Ausprägungen der beiden unterschiedlichen Eltern-Ichs, dem fürsorglichen beziehungsweise dem kritischen Eltern-Ich.

Die kritischen Eltern haben hohe Ansprüche, heben gerne den Zeigefinger, wollen Verantwortung für ihr »Kind« übernehmen, wollen den anderen sagen, was sie zu tun oder zu lassen haben, und die Dinge am liebsten selbst in die Hand nehmen. Funktioniert das nicht freiwillig, sind die kritischen Eltern-Ichs durchaus in der Lage, das Heft des Handelns resolut und eigenmächtig selbst in die Hand zu nehmen. Die fürsorglichen Eltern-Ichs kommen auf den ersten Blick viel netter daher. Sie sorgen sich, sie wollen sich kümmern, sie ermutigen und sind stets präsent. Deswegen können sie einem allerdings nicht weniger auf die Nerven gehen. Solches Eltern-Ich-Verhalten verwenden wir im Umgang mit anderen Menschen, aber auch im Umgang mit uns selbst, im inneren Dialog. Stellen sie sich eine Prüfungssituation vor. Sie sitzen bei *Wer wird Millionär?* und wissen auf die von Herrn Jauch gestellte Frage keine Antwort. Panik, Herzklopfen, ein tobendes limbisches System. Wenn Ihr Eltern-Ich gerade prägend für Ihr Verhalten ist, dann sagen Sie sich jetzt zum Beispiel: »Du schaffst das schon, jetzt entspann dich erst mal. Dir fällt die Lösung schon ein!«, – zumindest wenn es sich um die fürsorgliche Variante des Eltern-Ichs handelt. Wenn Sie bei solchen Situationen eher das kritische Eltern-Ich ranlassen, dann wird es für Sie etwas unangenehmer. Während Herr Jauch mit hochgezogenen Brauen auf eine Antwort wartet, beschimpfen Sie sich in Ihrem Innerem gerade selbst: »Wieso hast du denn nicht die Liste der Physik-Nobelpreisträger der vergangenen 50 Jahre auswendig gelernt? Riesendepp! Rindvieh, saudummes!« Währenddessen wühlt das Erwachsenen-Ich (zu dem wir gleich kommen) in der inneren Datenbank nach möglichen Antworten und sucht Strategien, wie Sie mit der Frage am besten weiterkommen – wenn das Großhirn nicht schon längst in den Kulissen spazieren geht.

Durch und durch vernünftig – das Erwachsenen-Ich

Es wäre die Idealbesetzung bei Jauch auf dem Stuhl, denn es ist ein durch und durch vernünftiges Wesen. Wenn wir mit seinen Augen auf die Welt blicken, dann gehen wir sehr nüchtern mit der Welt um, sammeln Informationen, verarbeiten sie gedanklich, analysieren sie und geben sie neutral weiter. Unsere Emotionen werden im Zaum gehalten, das limbische System ist entspannt, es wird von Gleich zu Gleich sachlich kommuniziert und am Schluss eine gemeinsame Lösung gesucht. Das reine, pure Erwachsenen-Ich ist die Wunschvorstellung des modernen Menschen. Und sie wird es auch bleiben, denn wir sind nie ausschließlich in diesem sachlichen, neutralen und ausgeglichenen Erwachsenen-Ich-Zustand. Wie viel von jedem der Ich-Zustände in einem selbst vorhanden ist, hat mit unserer Geschichte zu tun und damit, welches Verhalten bei uns gefördert und welches bestraft wurde. Es hat auch mit den Sätzen unserer Kindheit zu tun, die noch immer in unserem Kopf herumspuken. Mädchen gab man früher gerne als Lebensweisheit auf den Weg: »Sei wie das Veilchen im

Moose: bescheiden, sittsam und rein, nicht wie die stolze Rose, die immer bewundert will sein.« Im Nachbarhaus brachte die Mutter ihren Sohn dagegen stets mit einem »Aus dir wird mal etwas ganz Besonderes!« ins Bett. Solange wir solche Sätze hinterfragen, unser Erwachsenen-Ich dazuholen und das Gesagte einordnen, ist alles gut. Eine andere Sache ist es, solche Glaubenssätze unreflektiert zu übernehmen, denn dann werden sie direkt zu unseren persönlichen Überzeugungen.

So unterschiedlich die beiden Ausprägungen des Eltern-Ichs sind, im Kern laufen sie auf das Gleiche hinaus: Beide trauen ihrem Gegenüber nichts zu. Daraus ziehen sie allerdings recht unterschiedliche Schlüsse. Die Kritischen kritisieren und sprechen die vermeintliche Unfähigkeit des anderen offen an, die Fürsorglichen kümmern sich und kleiden ihre Zweifel an den Fähigkeiten des anderen in Hilfsangebote. Die auslösende Idee hinter diesen Verhaltensformen ist die gleiche: »Ohne meine Hilfe ist er/sie verloren!« Damit so ein Eltern-Ich zur Hochform auflaufen kann, braucht es natürlich einen Mitspieler für seine Art der mal mehr, mal weniger offenen Bevormundung. Im Modell von Eric Berne ist das – wenig überraschend – das Kind-Ich und meist in seiner Version als trotziges oder angepasstes Kind-Ich.

Einer bestimmt, der andere ist artig

Die angepasste Variante ist der dankbarste Adressat für die Eltern-Ich-Kommunikation. Wenn die Chefin vor der Besprechung – höflich – zur Assistentin sagt: »Frau Meier, bringen Sie uns bitte zum Meeting einen Kaffee!«, dann erwartet die Chefin keine Diskussion darüber, ob die Assistentin jetzt den Kaffee bringt oder nicht, sie erwartet angepasstes Kind-Ich-Verhalten und Kaffee. Das angepasste Kind-Ich nimmt alles – Kritik, fürsorgliche Hilfsangebote, Anweisungen – klag- und fraglos an und spart sich weitgehend die ohnehin als kraftraubend empfundene Eigeninitiative. Es hält sich an Regeln (»Rasen betreten verboten«), macht es anderen recht und ist der Inbegriff des ordentlichen und braven Kindes. Die Kombination Eltern-Ich und angepasstes Kind-Ich funktioniert naheliegenderweise reibungslos. Einer hat die Hosen an, der andere ist mit dem Folgen oder dem Sich-bemuttern-Lassen beschäftigt. Es ist ein solides System, das im Alltag durchaus stabil läuft. Eigeninitiative, Kreativität, Überraschungen, Höhenflüge oder Geniestreiche braucht man sich von dieser Art der Beziehung allerdings nicht erwarten. Häufig ist eine harmlose Mittelmäßigkeit das Resultat oder, mit Winston Churchills Worten: »Um die Welt zu ruinieren, genügt es, wenn jeder seine Pflicht tut.« Der Bestimmer bestimmt und das Kind gehorcht oder: »Wenn die Torte spricht, schweigen die Krümel.«

Der erhobene Mittelfinger – das trotzige Kind-Ich

Der andere Teil des Kind-Ichs ist die Rebellion, das trotzige Kind. Auf den ersten Blick sind Anpassung und Rebellion gegensätzlich, aber die beiden gehören zusammen wie die beiden Seiten einer Münze, weil sie sich beide am Eltern-Ich, generell an anderen orientieren. Spitzt die angepasste

Kind-Ich-Seite vor, tut man, was die anderen wollen, kommt die trotzige Kind-Ich-Seite zum Vorschein, tut man aber auf keinen Fall, was die anderen wollen. Pop, Rock und Punk strotzen vor trotzigen beziehungsweise rebellischen Kind-Ichs, egal welchen Alters. Keith Richards pflegt wahrscheinlich noch mit 100 Jahren sein rebellisches Kind-Ich-Image und er macht das im Gegensatz zu den vielen trotzigen Kind-Ichs im Beruf sehr bewusst.

Auch das trotzige Kind-Ich und das Eltern-Ich sind hervorragend aufeinander eingespielt, sie bilden ein solides System, denn das trotzige Kind-Ich wehrt sich gegen die Kontrolle des Eltern-Ichs genauso wie gegen dessen Fürsorglichkeit. Es wehrt sich gegen alles, was von oben kommt. Und zwar nicht mit Argumenten, sondern – wie der Name schon sagt – mit reinem, unverblümtem Trotz. Das ist das kleine Kind, das sich im Supermarkt auf den Boden wirft, mit den Fäusten schlägt und kreischt, weil es keine Packung Kaugummis bekommt. Oder der erwachsene Mann, der die Arme verschränkt, die Augen zusammenkneift und zischt: »Mit mir nicht, meine Herren!« Eine derartige Konstellation sorgt auf jeden Fall für Pfeffer in der zwischenmenschlichen Kommunikation, für sachliche Lösungen allerdings eher nicht.

Keiner wird als kritisches Eltern-Ich oder trotziges Kind-Ich geboren und bleibt es bis zur Rente. Tatsächlich sind die verschiedenen Rollen, die Menschen in der Kommunikation mit anderen Menschen einnehmen, flexibel. Der Hausmeister, der gerade noch das kritische Eltern-Ich gegenüber dem Fünftklässler herausgekehrt hat (»Das ist eine Heizung, keine Sitzung!«), kann bei der Beschwerde des feingeistigen Deutschlehrers über die mangelhafte Wartung der Kaffeemaschine im Lehrerzimmer schnell zum trotzigen Kind werden und am Abend bei der Sitzung im Kleingartenverein sein Erwachsenen-Ich bei der Versöhnung zweier feindlicher Pflanzenanbaulager zum Tragen bringen. Es hängt ab von der Kommunikationssituation und vom Verhalten der anderen, in welche Rolle wir uns in der zwischenmenschlichen Kommunikation begeben. Aber natürlich auch von der eigenen Haltung. Und genau da kann man ansetzen.

Den richtigen Rollenmix entwickeln

Das funktioniert am besten, wenn wir nicht blind, taub und stumm durchs Leben tappen, sondern die Augen aufmachen und zuhören, was wir so den ganzen Tag von uns geben. Reflektieren, über sich nachdenken, sich seine unbewussten Muster bewusst machen. Kein Ich-Zustand ist für sich besser oder schlechter, es kommt auf das Quantum an. So gibt es jede Menge Situationen, in denen zum Beispiel ein angepasstes Kind-Ich weiterhilft. Ich saß vor Jahren mit einer kleinen Gruppe nach einem Seminar in der Eisdiele. Wir bestellten und genossen unser Eis. Bis auf einen Herrn: Während wir schon eifrig schleckten, stritt er immer noch mit der Bedienung, ob er nicht doch eine ganz bestimmte Eiskreation haben könnte, die er sich nun gerade einbildete. Eine kleine Kugel angepasstes Kind-Ich hätte ihm in der gleichen Geschwindigkeit wie uns zu seinem Eis verholfen. Die Dosierung macht es, ob ein Eltern-Ich, Kind-Ich oder Erwachsenen-Ich als hilfreich und angemessen empfunden werden. Wir haben damit unser Verhalten selbst in der Hand – beleidigte Leberwurst-Queen, weil es nicht ganz genau so läuft, wie wir das möchten, oder entspannte Königin, effizient und sachlich. Und das ist die gute Nachricht, denn so können wir dranbleiben und im Umgang mit der Welt den Rollenmix einnehmen, der uns richtig guttut und uns zu unseren Zielen verhilft.

Freuen wie ein Kind

Aber da war doch noch ein Ich-Zustand. Das spielerische Kind-Ich. Wie im richtigen Leben wäre es jetzt auch hier fast zu kurz gekommen. »Spaß beiseite« ist eine Entschuldigung von erwachsenen Menschen, wenn das spielerische Kind-Ich wieder zugeschlagen hat. Ganz geheuer ist uns das nicht. *Sich wie ein Kind freuen*, das darf man nur als Kind. Bei einem Erwachsenen ist so viel ausgelassene und möglicherweise naive Freude gleich verdächtig. Erwachsene haben nicht zu spielen, so kreativ das auch immer sein mag, es soll gearbeitet werden, ernst und konzentriert. Auch in der Schule steht das konzentrierte Arbeiten an erster Stelle, ein spielerisches Kind-Ich lässt sich schwer mit dem Lehrplan in Einklang bringen. Dieser Ich-Zustand glänzt mit Herumblödeln, Ausgelassensein, Begeisterung, Fantasie und Ideen. Er orientiert sich ausschließlich an dem, was ihm im Moment gerade Spaß macht, und schert sich dabei weder um Regeln noch Anforderungen. Solange eine Sache Spaß macht, jauchzt unser inneres Kind vor Vergnügen und ist mit vollem Einsatz dabei. Wenn die Sache langweilig wird, überlässt es die unliebsamen Aufgaben lieber jemand anderem. Und das wird später in Ausbildung und Beruf zu Recht nicht sehr gerne gesehen.

Wer spielt, hat Spaß

Dass dem Menschen sein spielerisches Kind-Ich allerdings komplett ausgetrieben wird, bedauere ich zutiefst, denn kein Ich-Zustand verfügt über einen derart großen Vorrat an intrinsischer Motivation. Und damit wären wir nach einem langen Ausflug wieder beim Thema – bei der Motivation und den symbolischen Wasserflaschen, die der Wanderer benötigt, um die »Mühen der Ebenen« erfolgreich zu durchwandern. Zum Wandern braucht es unbedingt ein Erwachsenen-Ich, aber eben auch unbedingt ein spielerisches Kind-Ich. Für das ist der nächste Getränkemarkt stets nur einen Spaziergang entfernt – auch mitten in der trockensten Wüste. Das hat einen Grund: Das spielerische Kind-Ich verfügt über eine geradezu übersprudelnde Quelle der intrinsischen Motivation. Es hat sich einen ganz eigenen Blick auf die Welt bewahrt. Es erlaubt sich, Dinge um der Dinge willen zu tun, nicht aus Angst vor dem gestrengen Vater oder aus Liebe zur fürsorglichen Mutter. Es pflegt einen spielerischen, leichten Umgang mit der Welt, voller Kreativität und Faszination. Es lässt sich von Kleinigkeiten fesseln, ist bereit zu staunen, neugierig zu sein und sich zu begeistern.

Begeisterung verkürzt den Weg

Das klingt nett, aber wenig konkret, wenn man die »Mühen der Ebenen« vor Augen hat. Kreativität, die spielerische Leichtigkeit des Kindes … Schön und gut, alles leicht gesagt, aber wie soll das gehen als Erwachsener, umgeben von Warnschildern (»Vorsicht, spielende Kinder«) und voll im Leben stehend? Da kann man nun mal nicht immer nur das tun, worauf man Lust hat. Alles nur harmlose Gedankenspiele? Nein, eben nicht. Dafür gibt es gute Kronzeugen. Google zum Beispiel. Der Internetriese will Geld verdienen wie jedes andere Unternehmen auch, und trotzdem sieht es in der deutschen Niederlassung in Hamburg aus, als ob einer, der nie erwachsen geworden ist, seine Spielzeugkiste ausgekippt hat. Da hängen Fußbälle von der Decke, sind Spielzeugautos an Wände geklettet und ein buntes Fähnchen steckt in einem Golf Green aus Plastik. Mitarbeiter können sich zum Arbeiten aber auch in Holzboote oder einen U-Bahn-Waggon setzen oder sich zum Meeting im Bällebad verabreden. Das ist nicht nur ein Spleen der Hamburg-Googler, die Büros des Internetriesens atmen weltweit den Willen zum Wahnsinn. Google ist eines der erfolgreichsten Digitalunternehmen der Welt, und das nicht allein aus Liebe zur Menschheit. Die Spiel-Büros der Mitarbeiter sind knallhart ökonomisch gedacht. Natürlich dürfen die Angestellten des bunten Weltkonzerns nicht ausschließlich das tun, worauf sie gerade Lust haben, aber man bemüht sich, sie an dem, was sie tun müssen, möglichst viel Spaß haben zu lassen. Denn Spaß fördert die Leistung, und darum geht es auch Google am Ende. Dass Spielzeugautos,

Bällebad und Holzboote der Weg zu mehr Effizienz und Produktivität sind, ist auf den ersten Blick ziemlich revolutionär, auf den zweiten ziemlich einleuchtend. Wenn die Mitarbeiter gerne zur Arbeit kommen, liefern sie dort auch eine bessere Performance ab. Hinter den Spiel-Büros steckt mehr als nur der Wunsch, gute Laune zu verbreiten. Google will, dass die Mitarbeiter ihr spielendes Kind-Ich zur Arbeit mitbringen. Darauf zielen die spielerischen Elemente in der Unternehmenszentrale ab. Humor, Spaß und Quatsch sind bei Google nicht nur geduldet, sie sind ausdrücklich erwünscht. Und zwar weil sich der Aufwand lohnt und die »verlorene« Arbeitszeit sich rechnet. Klassisch betriebswirtschaftlich, auf Cent und Euro.

Aber wie kann es sich rechnen, wenn die Mitarbeiter während ihrer Dienstzeit Tischtennis spielen und Witze in der Kaffeeecke reißen? Lassen wir Linus Torvalds zu Wort kommen, der Begründer der berühmten Linux-Software: »Spaß und Lachen sind unerlässliche Voraussetzungen für gutes Programmieren. Die Leute müssen Quatsch machen dürfen.« Das ist ein eher undeutsches Arbeitsverständnis. Hierzulande nehmen die Gedanken der Arbeitnehmer häufig folgenden Pfad: Wenn die Arbeit Spaß macht, dann handelt es sich nicht um Arbeit. Wenn ich auf der Arbeit aber nicht arbeite, dann könnte mein Chef ja auf die Idee kommen, mein Gehalt einzufrieren und stattdessen einen Mitgliedsbeitrag zu erheben.

Ist die Führung aber schlau, fördert sie neben allem Ernsthaften, das zu tun ist, auch den Spaß an der Arbeit. Denn Mitarbeiter, die mit Spaß und Freude werkeln, sind engagiert, motiviert und haben kreative Ideen. Und Ideen sind der Rohstoff des 21. Jahrhunderts. Nicht nur in der bunten Welt des Internets, sondern auch in allen anderen Arbeitsbereichen. Die zündende Idee, wie sich Ablauf X noch fehlerfreier durchführen lässt, der geniale Geistesblitz, wie mit wenig Aufwand ein neues Produkt auf einen neuen Markt geworfen werden kann, der prickelnde Einfall, neue Mitarbeiter für das eigene Unternehmen zu interessieren … Das sichert die Zukunft von Unternehmen und Organisationen. Offensichtlich gelingen solche Durchbrüche deutlich leichter, wenn Quatsch und Spaß am Arbeitsplatz erlaubt sind. Dann hüpft das spielerische Kind-Ich vor Freude und sieht mit unverstelltem Blick auf die Dinge, probiert mit grenzenloser Begeisterung etwas Neues aus und manchmal wird dabei sogar etwas Sensationelles entdeckt. Wer als Chef das Hobby hat, die Kaffeerunden seiner Mitarbeiter aufzuspüren und zu sprengen, der tötet eine Keimzelle der Kreativität in seinem Betrieb. Ein einziger Satz genügt: »Was gibt's denn da zu lachen, Sie haben wohl noch Reserven?«, und das spielerische Kind-Ich zieht sich ins Privatleben zurück. Das bringt dem Chef möglicherweise zusätzliche Arbeitszeit seiner Mitarbeiter, kostet aber bares Geld.

Kreativität ist die Währung des Fortschritts

In den USA gibt es in hochkreativen PR-Schmieden den Tag des schrillsten Make-ups, des hässlichsten Hemdes oder den Tag des halben Bartes. Das ist selbst für die lässigen Amerikaner ziemlich schräg, für die etwas verkrampften Deutschen vielleicht tatsächlich ein bisschen zu viel des

Guten. Aber dieses Beispiel zeigt sehr deutlich die Idee, die hinter solchen Aktionen steckt. Denn natürlich ist der Tag des halben Bartes ziemlich bescheuert – aber er ist eben so bescheuert, so jenseits jeden Sinnes und Zweckes, dass man kaum umhin kommt, tatsächlich herzhaft zu lachen oder zumindest zu lächeln. Und das ist der Weckruf für das spielerische Kind-Ich im Menschen. Es kämpft sich dann gerne mal aus den Tiefen des Erwachsenen- oder Eltern-Ichs nach oben. Das bringt nicht nur völlig neue Ideen, von denen sich tatsächlich 99 Prozent als hirnrissig herausstellen, sondern auch einen dicken Extra-Schluck aus der Motivationswasserflasche. Denn alles, was Spaß macht, fällt einem nicht schwer, und das ist eindeutig die beste Motivation auf dem langen Weg durch die »Mühen der Ebenen«. Begeisterung ist der Motor – Verbissenheit ist die Bremse. Den Jammersumpf würde ein spielerisches Kind-Ich allenfalls als Abenteuer einmal durchwandern, bleiben würde es dort niemals. Viel zu langweilig, das ganze Dauergenöle.

Bongo spielen und theoretische Physik

Ein wunderbares Beispiel für diese innere Haltung eines spielerischen Kind-Ichs ist Richard Feynman, Professor für theoretische Physik, und die ist ja erst mal nicht sonderlich spaßverdächtig. Der Amerikaner bekam den Physik-Nobelpreis und taugt so durchaus zum Vorbild. Zeit seines Lebens war Feynman ein Bastler, ein Spieler, fasziniert von Naturwissenschaft und Technik. Als Kind reparierte er Radios, als Erwachsener revolutionierte er die Quantenmechanik, nebenbei stieß er in Maya-Schriften auf astronomische Muster, entdeckte nur wegen eines unglücklichen Zufalls nicht als Erster die DNS als Baustein des Lebens, führte Studien zur Aktmalerei durch – in einem Nachtklub – und trommelte während seiner Gastprofessur in Brasilien in einer Samba-Band mit. Es gibt ein Schwarz-Weiss-Foto von ihm, wo er, umgeben von Weltklassephysikern, auf der Motorhaube eines Jeeps sitzt und auf seinen Bongotrommeln spielt. Feynman war Genie und Spieler und er war das eine nur, weil er sich auch das andere erlaubte. Als er in den 1950er-Jahren zum ersten Mal eine Professur erhielt, fühlte er die Verpflichtung, sich nun auch professoral zu verhalten. Er begann, ernster und gediegener zu arbeiten, sparte sich die Ausflüge auf fremde Fachgebiete, unterließ allzu abseitige Experimente und verzichtete – vermutlich schweren Herzens – auf die jungenhaften Streiche, für die er bekannt war.

Das Ergebnis: Feynman kam in der Mittelmäßigkeit an, sein Genie lag in Ketten. Bald schickte er den Ernst in die Wüste, verhielt sich nach Herzenslaune wieder unprofessoral und ging als einer der größten Physiker in die Geschichte ein. »Eigentlich habe ich immer nur gespielt«, soll er einmal über seine Arbeit gesagt haben. Das Kind-Ich eines anderen Physikers wurde mit einem Foto verewigt, das Sie sicher auch schon einmal irgendwo gesehen haben. Albert Einstein mit herausgestreckter Zunge – besser hätte sich sein spielerisches Kind-Ich nicht zeigen können. Genau das sollten Sie auch tun, na ja, nicht unbedingt der Welt die Zunge rausstrecken, aber, soweit es in ihrem Umfeld möglich ist, ihr spielerisches Kind-Ich hegen und pflegen.

Die Ballkönigin

Ich habe lange gebraucht, um mein spielerisches Kind-Ich schätzen zu lernen. Da war es schon immer, wie in allen Menschen, aber weder wollte ich es erkennen noch gut finden. Doch es fand immer wieder Mittel und Wege, auf sich aufmerksam zu machen. Es ist schon lange her, dass ich in meiner Heimatstadt an einem Ball teilnahm. Ich lebe ja nicht in Wien, wo Bälle an der Tagesordnung sind. Bei uns war ein Ball ein seltenes und bedeutendes Ereignis. Deshalb bin ich extra in die nächste größere Stadt gefahren, um mich mit einem Abendkleid auszustatten, ich wollte es so richtig krachen lassen. Zurück von meinem Einkauf kam ich mit einer Wolke aus bronzefarbenem Tüll, bestickt mit Bronzeperlen und mit Pailletten im Oberteil. Wenn es noch die Möglichkeit gegeben hätte, Glöckchen und Rasseln anzunähen, ich hätte sie ergriffen.

Da meine Figur schon damals den physikalischen Gesetzen des Universums entsprach, das sich kontinuierlich ausdehnt – sah ich in dem bodenlangen Tüllbronzemonster eher einer Ferrero-Rocher-Kugel als einer Ballkönigin ähnlich. Aber ich fand mich toll und schwebte in den Saal hinein. Ein großer Saal, am Rand der Tanzfläche standen die Tische und meiner lag genau gegenüber dem Eingang. Dazwischen eine große, spiegelglatte Marmorfläche. Mein spielerisches Kind-Ich hatte die Möglichkeiten, die so eine glatte Fläche bot, längst entdeckt und stupste mich an: »Nimm Anlauf und schlittere zu deinem Tisch. Stell dir mal vor, wie cool das aussieht.« Eine andere innere Stimme versuchte verzweifelt, mich von diesem Plan abzubringen, mit

Hinweisen auf die vielen wichtigen Menschen im Raum, meine Reputation, die Anzahl der potenziellen Kunden … Mein spielerisches Kind-Ich kommentierte das mit einem knappen »Laaaangweilig!«, und so kam es zum spektakulären Sieg von Kreativität, Neugier und spielerischem Kind-Ich. Ich nahm in meinem Bronzeungetüm Anlauf und schlitterte als funkelnde Tüllkugel über die Tanzfläche, stoppte cool an meinem Tisch und sagte: »Hallo!« Der erste Kommentar kam von meinem damaligen nun ziemlich pikierten Begleiter: »Mein Gott, bist du kindisch!« Auch die anderen Menschen am Tisch wussten nicht so recht, wie sie das, was gerade passiert war, höflich kommentieren sollten. Eine Dame meinte schmallippig: »Ja, die Margit wieder!« Und natürlich war da niemand, der mir zu meinem Ausbruch des spielerischen Kind-Ichs gratuliert hätte. Nur eine sehr laute innere Stimme, die kundtat: »Ich hab's dir gleich gesagt!«

Bist du kindisch!

Kindisch wollte ich nie sein, ich habe mich als ernsthaften und klugen Menschen gesehen. Erst als Jahre später mein jetziger Mann, den ich damals gerade erst kennengelernt hatte, ebenfalls sagte: »Mein Gott, bist du kindisch!«, fing ich an nachzudenken. Heute sind mein spielerisches Kind-Ich und mein Erwachsenen-Ich miteinander ausgesöhnt und ziemlich beste Freundinnen. Ich kann bei so vielen Gelegenheiten meinem Drang zum Spielen Raum geben, dass meine Arbeit zum Vergnügen wird. Und wenn die Arbeit zum Vergnügen wird, dann wird das Leben zur Freude. Um

Sie zu beruhigen: Nicht jede Arbeit ist Vergnügen, aber ich schaffe es, an sehr vielen Aufgaben spielerisch dranzubleiben. Und da gibt es viel mehr Möglichkeiten, als ich früher geglaubt hätte. Spielen, anderen Freude bereiten und eine optimistische Einstellung sind einfach Riesenwasserflaschen für die langen Wege. »Go the extra mile!«, das funktioniert mit solchen Wasserflaschen. Das Schwierige allerdings ist es, diese Erkenntnis im Berufsalltag umzusetzen. Sich mit sich selbst zu beschäftigen und zuzuhören, wer gerade aus mir spricht, ist den Aufwand aber allemal wert. Es soll sogar so »normale« Einrichtungen wie Apotheken geben, wo die PTAs und Apotheker jede Gelegenheit nutzen, um einen Spruch unterzubringen, Spaß zu haben und ihren Kunden eine Freude zu bereiten. Das hat sich herumgesprochen und die Kunden einer anderen Apotheke fahren lieber ein Stück weiter, nur um von der guten Stimmung, die in dieser dort herrscht, etwas abzubekommen. Gute Laune ist ansteckend, nicht nur in Apotheken.

Ist das nicht alles, im wahrsten Sinne des Wortes, nur Spielerei? Nein, es ist viel mehr als das. Wer das Spiel in seinen Arbeitsalltag integriert, der schafft eine lockere und unverkrampfte Atmosphäre, in der es viel leichter fällt, konstruktive Ergebnisse zu erzielen. Weil das Verhältnis zwischen den Mitarbeitern gut ist, sich Differenzen gar nicht erst ergeben oder zumindest leicht lösen lassen, weil jeder für sich ein engagiertes Verhältnis zu seinem Beruf pflegt. Schon deswegen, weil man seinen Beruf gerne macht. Die Lockerheit auf der einen Seite gibt einem auf der anderen Seite die Motivation, sich richtig für den guten Job ins Zeug zu legen. Von einem solchen Umfeld profitieren alle. Das beste Mittel, jeden Tag neu zu beginnen, ist, beim Aufwachen daran zu denken, ob man nicht wenigstens einem einzigen Menschen an diesem Tage eine Freude machen könnte, zur Not sich selbst.

Niemand erkennt mein Genie

Geht man nach der Selbsteinschätzung der Menschen, kann sich die Welt vor Genies gar nicht retten. Im Grunde ist jeder der Meinung, dass er seine Arbeit mindestens gut, ja meistens noch viel besser erledigt. In den meisten Fällen geschehen diese Heldentaten am Schreibtisch, ohne dass die Welt davon Notiz nimmt. Der so Ignorierte hat nun zwei Möglichkeiten: Er zweifelt an sich oder er zweifelt am Rest der Welt. Angenehmer ist Letzteres, fataler auch. Und so gibt es auf den Fluren der Büros, in den Kantinen der Fabriken, auf den Fahrersesseln der Lkws in diesem Land eine Art Mantra des frustrierten Arbeitnehmers: »Niemand erkennt mein Genie!«

Menschlich ist das sehr gut nachvollziehbar, wer kennt dieses Gefühl nicht? Aber: Es ist gefährlich, sogar sehr gefährlich. Denn genau genommen handelt es sich bei dem »Niemand erkennt mein Genie«-Gefühl um die Premium-Eintrittskarte in den Jammersumpf. Und zwar mit Expressbeförderung und Transfer vom Flughafen – ohne Rückflugticket. Es ist an der Zeit, den Gekränkten dieser Welt zu antworten. In ihrem ureigensten Interesse. Auch wenn die Welt manchmal alles andere als ein Ponyhof ist und Ungerechtigkeiten im Alltag nun mal an der Tagesordnung sind: Es geht in puncto Selbstmitleid auch eine Nummer kleiner.

Auf dem Boden der Tatsachen

Zunächst gilt es festzustellen, dass der Boden der Tatsachen nicht mit einem flauschigen, dicken, weichen Teppich ausgelegt ist. Das heißt, die Landung kann ziemlich hart sein – und zwar umso härter, je größer die Fallhöhe ist. Wer sich selbst von vornherein als absoluten Überflieger sieht, dem sich die Erfolge schon allein aus Respekt vor seiner unerhörten Begabung zu Füßen legen sollten, der kann äußerst schmerzhaft aufprallen. Das ist in etwa so, als ob man in der Luxussuite eines Fünfsternehotels in die Daunen sinkt, im Morgengrauen jedoch sein Gesicht aus einem 4,99-Euro-Kissen der Vorstadtpension kämpft.

Die Gefahr der Bruchlandung auf dem Boden der Tatsachen bietet nicht nur der Beruf, sondern selbstverständlich auch das Private aufs Vortrefflichste. Wer von seinem Leben verlangt, dass es stets in Rosa und mit hellem Sonnenschein daherkommt, der wird vor Enttäuschungen nicht gefeit sein. Je leuchtender die naiven Träumereien vom eigenen Wunschleben, desto schäbiger nimmt sich die Gegenwart aus. Auch hier gilt: Schlechte Erfahrungen und Rückschläge gehören zum Leben, deswegen darf und soll man weiterträumen, dass man träumt, sollte einem aber bewusst bleiben. Andernfalls stellt sich schnell Enttäuschung ein und wenn die zum Dauergast im emotionalen Haushalt wird, verpuppt sie sich bald zu einer ausgewachsenen Verbitterung. Spätestens dann sucht man die Fehler bei den anderen, gibt der Welt die Schuld und zieht sich beleidigt zurück. Wohin? Richtig! Endstation Jammersumpf.

Die Welt ist nicht gerecht – na und?

Am besten sollte man den Boden der Tatsachen also gar nicht erst verlassen, dann kann man schon nicht so schlimm stürzen. Es gilt zu akzeptieren, dass die Realität ziemlich weit entfernt ist von einem durchschnittlichen Samstagabend-Film. Am Ende wird nicht zwingend alles gut und zwischendurch regnet es gelegentlich mal. Die Frage ist also: Wie bleibt man auf dem Boden? Indem man sich selbst daran hindert, in das Stadium der Verbitterung zu gelangen. Leichter gesagt als getan. Denn Tatsache ist: Die Welt ist nicht immer gerecht und bietet einem einige Gelegenheiten, mal so richtig verbittert zu sein.

Begleiten wir einen Mitarbeiter an seinem großen Tag ins Büro. Er ist sich seiner Sache sicher: eine geniale Idee, eine echte Marktlücke, eine perfekt ausgearbeitete Präsentation, ein glänzender Vortrag … eine totale Pleite.

Der Chef fläzt sich in seinem Sessel, wendet die gerade gewonnenen Eindrücke noch einmal hin und her, stößt dann ein zweifelndes Grunzen aus und lässt aus der Idee die Luft raus. »Meyer, da glaube ich nicht dran«, sagt er und wischt die Arbeit von Wochen mit einem Satz vom Tisch. Im Anschluss diskutiert er wortreich, wo die Mittagspause verbracht werden soll. Sushi oder doch gutbürgerlich? Herr Meyer, der eigentlich Müller heißt, steht noch einen Moment perplex im Raum, dann schleicht er wie ein geprügelter

Hund aus dem Zimmer. Er wird seine Mittagspause heute alleine verbringen. Schon um sich in aller Ruhe einzureden, dass, erstens, keiner zu schätzen weiß, was er in dem Betrieb eigentlich leistet. Dass, zweitens, die Kollegen im Vergleich zu ihm selbst entweder Versager, Faulpelze oder gleich beides zusammen sind. Dass, drittens, ohnehin alle gegen ihn sind und der ganze Betrieb möglicherweise schlicht zu dumm ist, seine Begabung, sein Genie zu erkennen. Am Ende dieser Mittagspause ist aus der akuten Enttäuschung eine chronische Verbitterung geworden, die unserem Herrn Müller im weiteren Verlauf seines Arbeitslebens nicht nur auf den Magen, sondern auch aufs Gemüt schlagen wird. Nicht, dass man ihn nicht verstehen könnte … Aber seine Reaktion ändert an der unbefriedigenden Situation nichts, sondern legt sich nur wie eine dunkle, kratzige Decke über sein Gemüt. Davon hat keiner was.

Den Laden am Laufen halten

Das »Niemand erkennt mein Genie«-Gefühl gibt es nicht nur in der Beziehung zwischen Chef/Chefin und Mitarbeiter. Es funktioniert auch ganz hervorragend von Gleich zu Gleich – etwa zwischen zwei Abteilungen eines Betriebes. Natürlich gehen beide ganz selbstverständlich davon aus, dass sie es sind, die den Laden am Laufen halten. Wären sie auch nur einen Tag nicht auf dem Posten, das Unternehmen könnte noch am Vormittag Insolvenz beantragen. Die eigene Leistung wird glorifiziert, die der anderen herabgewürdigt, wo sich nur eine Gelegenheit bietet, und im Zweifelsfall auch da, wo sich keine Gelegenheit bietet. Da schimpft die Produktion über den Vertrieb und der Vertrieb über die Produktion. »Die haben doch noch nie in ihrem Leben einen Hammer in die Hand genommen«, ereifern sich die Arbeiter in der Mittagspause über die Vertreter. »Keine Ahnung haben die, was Arbeit eigentlich bedeutet«, nörgelt man fröhlich weiter. »Und wir buckeln uns hier jeden Tag den Rücken krumm, bis sie uns irgendwann aus der Halle tragen. Fürs Kaffeetrinken möchte ich auch mal bezahlt werden.« Bei der Kaffepause der Vertreter das gleiche Bild. »Einen Hammer schwingen kann ja jeder Idiot. In der Produktion schieben sie die Karte in die Stechuhr, schicken ihre Gedanken auf Urlaub und wachen siebeneinhalb Stunden später zu Schichtende wieder auf. Wir müssen jeden Tag raus, den Leuten was verkaufen, freundlich sein, noch zu den größten Idioten, uns immer wieder motivieren für den nächsten Kunden. Wir kriegen den Druck, wenn die Zahlen nicht stimmen. Irgendwann geh ich auch da runter und schwing den Hammer.«

Unversöhnlich stehen sich hier zwei Lager gegenüber, deren Mitglieder offenbar allesamt den Titel »Held der Arbeit« verdient hätten. Jeder hat den härtesten Job der Welt und das Schlimme ist, dass es ums Verrecken keinem anderen auffallen will. Also muss die eigene Leistung noch höher gehoben und die der anderen noch tiefer getreten werden. Im Kampf der Abteilungen mischen sich Verbitterung, Frustration und Neid. Eine kräftezehrende Angelegenheit, wenn man mit derart vielen grimmigen Emotionen durch die Welt laufen muss. Und doch wachsen all diese grimmigen Gefühle auf einem im Grunde positiven Nährboden. Denn sie basieren auf der Tatsache, dass die allermeisten

Menschen den Wunsch und die Motivation haben, ihren Job gut zu machen. Das ist es, was die Arbeitnehmer dieser Welt antreibt, was sie jeden Morgen aufs Neue aus dem Bett krabbeln lässt. Wäre es ihnen völlig egal, was die Menschheit im Allgemeinen und ihre Führungskräfte im Speziellen von ihnen denken, käme Enttäuschung über mangelnde Anerkennung in ihrem emotionalen Portfolio gar nicht vor. Achselzuckend würden sie über Unachtsamkeiten der Chefin hinweggehen, die Sticheleien anderer Abteilungen nicht einmal bemerken.

Im Übertreiben haben die Deuschen Talent

Dass dem nicht so ist, bedeutet also, dass die Arbeitsmoral stimmt. Eine schöne Sache, wenn man es nicht übertreibt. Im Übertreiben haben die Deutschen allerdings Talent. Der Arbeitnehmer hierzulande neigt dazu, im Beruf aber auch so gar keinen Spaß zu verstehen. Frei nach der schottischen Fußballtrainerlegende Bill Shankly lautet das Credo: »Einige Leute halten den Job für einen Kampf um Leben und Tod. Ich mag diese Einstellung nicht. Ich versichere Ihnen, dass es viel ernster ist.« So grimmen sich dann manche durch ihr mehr als 45-jähriges Berufsleben. Das muss zwangsläufig zur Enttäuschung führen, denn für wen die Performance im Job alles ist, für den wird mangelnde Wertschätzung zu einem existenziellen Problem. Mit Rückschlägen und Enttäuschungen kann man dann nur äußerst schlecht umgehen. Die aber – siehe oben – gehören zum Leben dazu.

Das »Niemand erkennt mein Genie«-Gefühl kann auch ganz hervorragend in emotional engen Beziehungen zwischen Menschen wachsen, sprich Mutter und Tochter, Vater und Sohn, Bruder und Schwester, Frauen und Männern … Die Pubertät der eigenen Kinder etwa hält hier ungezählte Möglichkeiten bereit, sich beidseits völlig ungerecht behandelt zu fühlen. Nehmen wir eine Mutter und ihre pubertierende Tochter: zwei verkannte Genies, die über einige ziemlich beschwerliche Jahre hinweg gezwungen sind, auf engstem Raum zusammenzuleben. Die Tochter hat keinerlei Zweifel daran, dass ihre Mutter das peinlichste Geschöpf auf Erden ist. Die Mutter fragt sich derweil allabendlich, was nur aus dem kreuzbraven Mädchen mit den Pippi-Langstrumpf-Zöpfen geworden ist, dem sie Radfahren, Schwimmen, Basteln, Essen, Trinken, na ja, eigentlich alles beigebracht hat. Und sie fragt sich, wem eigentlich dieses dauernd beleidigte und Türen schlagende Gör gehört, das seitdem ihr Haus bewohnt.

Beide Seiten fühlen sich im Recht und ganz subjektiv betrachtet sind sie das auch. Für das Mädchen fühlt sich die Frage, ob sie Kevins Party besuchen darf, tatsächlich so an, als ob davon ihr weiteres Leben abhängen würde. Ihre Mutter sieht das naturgemäß anders und weist auf die wirklich »wichtigen« Dinge in ihrer Erwachsenenwelt hin. Während der Streit gerade so richtig Fahrt aufnimmt, erinnert sich die Mutter im Stillen an die zahllosen Nächte, die sie am Bett ihrer Tochter verbracht hat. Kein Zweifel, in dieser Frage werden sie sich auf dieser Welt erst mal nicht mehr einig werden. Die Konfrontation ist absehbar. Es wird Ärger geben.

Und den muss es auch geben – das Kind muss sich in der Pubertät von den Eltern lösen … Man kennt das ja alles. Entscheidend ist aber – im Beruflichen wie im Privaten –,

mit derlei schwierigen Konstellationen vernünftig umzugehen. Das bedeutet im Fall unserer Mutter-Tocher-Bezie-
hung: nicht die Ungerechtigkeit des Schicksals zu beklagen,
die einem all das eingebrockt hat, und sich auch nicht der
Bitterkeit hinzugeben, die überall nach Schuldigen sucht.
Stattdessen sollte man sich selbst anlächeln, sich so Kraft
verschaffen und dann Lösungen suchen. Es beginnt damit,
dass man akzeptiert, dass das Leben nicht perfekt ist, nie
perfekt war und es auch niemals sein wird. Das gilt für
Mutter-Tochter-Beziehungen, Ehen, Freundschaften, den
Beruf und die Deutsche Bundesbahn. Mit verbissenem Ar-
beitsethos kommt keiner gut durchs Berufsleben und mit
dem erbarmungslosen Anspruch, eine Vorzeigefamilie zu
sein oder eine Bilderbuchpartnerschaft zu führen, genauso
wenig.

Auf zwei Beinen durchs Leben

Wer nur den Ernst des Lebens im Auge hat, den wird die
sich stets aufs Neue versicherte Bedeutung seines Tuns und
Seins irgendwann niederdrücken. Im Grunde hindert der
vergrimmte Eifer der verkannten Genies diese daran, genau das zu sein, was sie von sich selbst erwarten: Genies.
Dieser Zustand hat nämlich viel mit Leichtigkeit, Kreativität und Ausdauer zu tun. Und die erlangt man kaum, wenn
man sich für unentbehrlich hält, seine Realität dauernd mit
einem idealen Wunschbild abgleicht und stetig damit beschäftigt ist, sein Schicksal zu bejammern.

Die Persönlichkeit glücklicher Menschen ruht auf zwei
verschiedenen Standbeinen, die erst im Wechselspiel für

Stabilität sorgen. Lachen auf der einen, ernsthaft sein auf der anderen Seite – man braucht beides, um erfolgreich durchs Leben zu kommen. Ist ein Standbein nicht ordentlich austrainiert, dann fängt man bald das Humpeln an, und dann wird es schwer mit dem Weg durch die »Mühen der Ebenen«. Das Gegengewicht zum Ernst des Alltags sind Humor und Selbstironie, die helfen, Luft abzulassen, wenn einem mal wieder der Kamm ins Unermessliche schwillt, weil man sich von Chefs, Kollegen oder Kunden gnadenlos ungerecht behandelt fühlt. Humor hilft einem, den unerfreulichen Dingen zumindest etwas Unterhaltsames abzugewinnen und ihnen so die Spitze zu nehmen. Selbstironie bestärkt einen zudem, auch mal über sich selbst zu schmunzeln, wenn man sich in all seiner Entrüstung zum Opfer der Arbeitswelt stilisiert und sich dabei wichtiger nimmt, als es gesund ist.

Da wird jetzt keiner laut Nein schreien. Humor und Selbstironie halten die allermeisten Menschen für eine segensreiche Erfindung und empfehlenswerte Eigenschaften. Mit der Umsetzung im Alltag allerdings hapert es. Denn im entspannten Zustand tut man sich leicht, mehr Humor, Selbstironie und Leichtigkeit zu fordern, interessant wird es erst, wenn es hart auf hart kommt. Im schlimmsten Fall singt man mit Billy Ocean im Duett: »When the going gets tough, the tough get going«, oder: »Wenn das Leben hart wird, fangen die Harten erst an zu leben.« Da ist dann kein Platz mehr für das zweite Standbein. Stattdessen stolpert man und landet mit dem ersten Fuß bis zum Anschlag im Jammersumpf. Man ärgert sich über die Ungerechtigkeit der Welt im Allgemeinen und die Unfähigkeit des Chefs im

Besonderen und hat gerade überhaupt keine Lust darauf, sich selbst humorvoll auf die Schippe zu nehmen. Die Kluft zwischen Theorie und Praxis ist nicht sonderlich verwunderlich. Es ist völlig normal, dass der Mensch sich selbst und zugleich seine Vorsätze vergisst, wenn er sich ärgert und ungerecht behandelt fühlt. Diesem Mechanismus allerdings kann man entfliehen. Wie? Indem man »Stolpersteine« in seinen Alltag einbaut, die einen immer wieder daran erinnern, dass man zwei Beine hat und die Dinge auch anders sehen kann. Von einer leichteren, humorvolleren Warte aus.

Humorstolperer zum Erinnern

Ich bin ein Fan solcher Stolpersteine, denn nichts können wir Menschen schneller und effizienter als vergessen. Der gute Vorsatz fürs neue Jahr, schwups!, am vierten Januar schon ad acta gelegt. Im Gespräch mit der Freundin einen Plan ausgeheckt, schwups!, zwei Wochen später keine Erinnerung mehr daran. Die feste Absicht, sein Beleidigtes-Leberwurst-Sein an den Nagel zu hängen, schwups!, ein blödes Wort, und die Leberwurst hängt schon wieder an unseren Fingern. Den Entschluss gefasst, sich beim Autofahren nicht mehr aufzuregen, da drängelt sich vor mir einer in die Schlange rein, und schwups!, krallen sich meine Fingernägel ins Lenkrad. Das Vorhaben, mehr Zeit mit dem Partner, den Kindern, den Eltern, den Freunden zu verbringen, schwups!, das geht schneller, den Bach runter, als der Meeresspiegel steigen kann. Sich vorgenommen haben, bei den Besprechungen ruhig zu bleiben, schwups!, ein Satz des Kollegen, und ich höre mich murmeln: »Wenn die Sonne des Wissens tief steht, werfen auch Zwerge Schatten.«

In solchen Situationen hilft es auch nichts, sich selbst mit kritischer Eltern-Ich-Stimme zu ermahnen: »Werde ein guter Mensch – möglichst noch in diesem Leben.« Vor über 2.000 Jahren wusste der griechische Philosoph Epiktet schon: »Nicht Sprüche sind es, woran es fehlt; die Bücher sind voll davon. Woran es fehlt, sind Menschen, die sie anwenden.« Folgerichtig hat er auch kein einziges Werk verfasst. Dass wir diesen Satz von ihm kennen, haben wir seinem Schüler Arrian zu verdanken, der alle Vorlesungen von ihm mitgeschrieben hat. Sonst hätte für den schlauen Griechen das Gleiche gegolten wie für unsere Vorsätze: »Aus den Augen, aus dem Sinn.« Das zu verhindern, ist die Aufgabe der **Humorstolperer**. Die Humorstolperer lassen sich nach der Art, wie sie uns erinnern, unterscheiden. Zum einen: Was fürs Auge. Zum anderen: Was fürs Ohr. Welche Art für einen selbst die richtige ist? Einfach ausprobieren!

Hierbei handelt es sich um Dinge, die man sehen und anfassen kann. Symbole, die einen daran erinnern, sich selbst nicht zu wichtig zu nehmen. Daran, dass man möglicherweise nicht der einzige arbeitende Mensch auf dem Planeten ist, nicht der einzige Ehemann, die einzige Ehefrau, die manchmal an seinem/ihrem Partner verzweifelt. Daran, dass es möglicherweise noch ein paar andere Menschen im Universum gibt, die ein ähnlich schweres Schicksal teilen wie man selbst.

Augenstolperer zum Runterkommen

Der Augenstolperer kann eine weiße Kugel sein, ein schwarzer Stein oder ein bunter Schal, wichtig ist, dass er im Alltag präsent ist. Er muss nämlich in Reichweite sein, wenn man mal wieder in den Entrüstungs- und »Niemand erkennt mein Genie«-Modus umzuschalten droht. Ein Blick kann dann schon genügen, und der Gegenstand erinnert daran, dass es auch anders geht. Unwillkürlich muss man über sich selbst schmunzeln, weil man sich mitten in einer Selbstmitleidsarie in a-Moll erwischt hat, und urplötzlich steht man wieder mit beiden Beinen fest auf der Erde. Auf einmal gelingt es sogar, trotz erlittener Ungerechtigkeiten locker zu bleiben und nicht gleich in Weltschmerz aufzugehen.

So ein neutraler Gegenstand ist der **Augenstolperer** für Fortgeschrittene. Ich brauche etwas Handfesteres und Direkteres zum Erinnern. Einen Gegenstand, der schon von sich aus mit den Augen zwinkert. Ich habe mir dazu etwas besorgt, das so richtig lächerlich ist. Ein billiges **Prinzessinnen-Faschingsdiadem** aus Plastik. Das sieht herrlich dämlich aus, wenn es eine erwachsene Frau auf dem Kopf trägt, und potenziert seine Wirkung sogar noch, wenn es auf dem Haupt eines Herrn im feinen Dreiteiler sitzt. Wenn ich spürte, dass der »Niemand erkennt mein Genie«-Modus im Anmarsch ist, habe ich das Diadem auf mein ungekröntes Haupt gesetzt. Dieser skurrile, lächerliche Moment ist genau das, was einen davon abhalten kann, sich in Entrüstungstiraden hineinzusteigern. Er bringt einen dazu, in seiner Empörung zu stolpern, macht den Blick von außen möglich und sorgt für ein Schmunzeln über sich selbst. Das ist nicht nur »ent-empörend«, sondern auch sehr erleichternd. Wenn Sie es ausprobieren, werden Sie feststellen, dass es nahezu unmöglich ist, sich mit einem Faschingsdiadem auf dem Kopf ernsthaft über irgendetwas aufzuregen. Nahezu unmöglich ist es, sich in dieser Situation als der einzig vernünftige Mensch auf Erden vorzukommen.

Am besten deponiert man den Augenstolperer seiner Wahl in direkter Nähe des Büroschreibtisches, der Werkbank oder im Flur vor dem stets unaufgeräumten Zimmer der pubertierenden Tochter. Die Humor-Erinnerung sollte ins Auge fallen. Inzwischen muss ich mein Prinzessinenkrönchen gar nicht mehr wirklich aufsetzen, es reicht ein Blick von mir auf das alberne Faschingsdiadem, um mich mit einem selbstironischen Schmunzler wieder herunterzubringen.

Man sollte allerdings bei der Anwendung der Augenstolperer etwas achtgeben, sonst wirkt man schnell ein wenig seltsam auf den Rest der Welt. Das Faschingsdiadem ist für Anfänger, die es noch aufsetzen müssen, um seine »ent-empörende« Wirkung zu spüren, keine Methode, die sich fürs Großraumbüro eignet. Einige Kollegen könnten sich nachhaltig wundern, warum Sie schief grinsend mit Diadem auf dem Kopf an Ihrem Arbeitsplatz sitzen, obwohl Ihnen der Chef gerade mitgeteilt hat, dass es – trotz hervorragender Leistung – wieder nichts wird mit der Beförderung. Meine Umgebung ist inzwischen vorgewarnt und weiß: Wenn ich mit dem Diadem am Schreibtisch sitze, dann bin ich wieder dabei, mit mir eine Schmunzelrunde zu drehen.

Es gibt aber dezentere Alternativen, die sich gut in den Alltag integrieren lassen. **Buttons** zum Beispiel. Auch sie können helfen, sich an die wunderbare Wirkung von Humor und Selbstironie im Berufsalltag zu erinnern. Der Chefarzt einer mittelgroßen Klinik ist ein überzeugter Anhänger dieser Methode. Er trägt auf der Innenseite seines Arztkittels einen unauffälligen Button mit dem Satz »Niemand erkennt mein Genie«. Wenn er gerade wieder dabei ist, an der Unfähigkeit der Welt zu verzweifeln, braucht er nur die Knopfleiste umzulegen, einen Blick auf den Button zu werfen, und muss über sich selbst lächeln. Eine Methode, die im Klinikalltag wunderbar funktioniert. Und – zumindest in dem Krankenhaus dieses Chefarztes – hat sie um sich gegriffen. Sollten Sie eines Tages in einer Klinik landen, in der die Ärzte häufiger mal intensiv den Kragen ihres Kittels inspizieren, um sich dann mit mildem Lächeln dem nörgelnden Patienten im Nachbarbett zuzuwenden, nur Mut: Sie sind in guten Händen!

Für alle Mütter dieser Welt habe ich einen **Kühlschrankmagneten** mit der Aufschrift »Mein Tod wird euch die Augen öffnen«. Auf diese Weise kann man seinen undankbaren Kindern genauso wie dem Rüpel von Ehemann täglich klarmachen, wie unverzichtbar und zugleich verkannt man sich in diesem Hause fühlt. Der Button funktioniert natürlich auch, um sich selbst auf den Arm zu nehmen und ab und zu über den Familienalltag zu schmunzeln.

Ohrenstolperer zum Abkühlen

Neben dem Augen- gibt es auch den Ohrenstolperer. Die innere Stimme spielt hier eine wichtige Rolle. Wenn die über eine frisch erlittene Ungerechtigkeit zu zetern beginnt, starten Sie einfach ein Programm, das die Empörungs-sätze verzerrt. Die Wahl der Waffen ist Ihnen dabei selbst überlassen. Sie können Micky Maus piepsen lassen: »Ich schreibe ihm das alles, die ganzen Konzepte, er setzt seinen Servus drunter, und ich bekomme nicht mal ein Danke-schön, geschweige denn ein Super«, hört sich im Falsett gleich ganz anders an und man kann sich entrüstungstech-nisch gleich wieder abregen. Sie können auch einfach alle »s« aus ihrer Empörung lassen: »Ich chreibe ihm da alle, die ganzen Konzepte, er etzt einen ervus drunter und ich be-komme nicht mal ein Dankechön, gechweige denn ein Uper.« Das klingt so bizarr, dass sich die Empörung schnell in Lachen auflöst. Noch eine Möglichkeit, aus dem »Nie-mand erkennt mein Genie«-Modus herauszukommen, ist der Satz »Ja, du bist ein ganz ein Großer« – in der unnach-ahmlichen Säusel-Tonstärke, die Kleinkindern gegenüber angeschlagen wird. Oder, wenn Sie es lieber ein bisschen heroisch haben, wie wäre es dann mit »Es ist nicht jeder geboren, die Welt zu retten« – mit der Arnold-Schwarzen-egger-Stimme, die man von seinem »Hasta la vista, Baby« kennt. Egal was und wie, wichtig ist nur, dass der innere Satz seine Funktion erfüllt, nämlich für humorvolle Beru-higung sorgt. Der Lieblingssatz meines Vaters war: »Der Herrgott hat einen großen Tiergarten«, und jedes Mal, wenn der Satz kam, war ein Schmunzeln auf seinem Gesicht. Erst Jahre später habe ich verstanden, welche geniale Möglichkeit er da für sich gefunden hatte.

Egal wie Sie sich an den Humor erinnern, achten Sie darauf, dass die Selbstironie versöhnlich bleibt. Es ist nicht Zweck der Übung, sich mit bissigem Zynismus selbst fertigzumachen. Es ist ganz normal, dass man im Alltag manchmal die guten Vorsätze vergisst und sich gelegentlich größer macht, als es nötig wäre. Den Fehler kann man sich schon mal vorab verzeihen. Sonst heißt es schnell: Raus aus dem Regen und hinein in die Traufe. Wem die Arbeit besonders ernst ist und wer es sich zum Lebensziel auserkoren hat, auch die Pubertät der Kinder als beste Freundin oder dickster Kumpel zu durchlaufen, dem fehlt es an der nötigen Leichtigkeit für die Humorübungen und eine allzu generalstabsmäßige Planung führt auch auf den Holzweg. Das ist ähnlich sinnvoll wie der Aufruf »Sei spontan – aber sofort!«. Es ist nicht spontan, wenn es geplant ist, und es ist kein Humor, wenn Verbissenheit dahintersteckt.

Die entscheidende Pointe an der »Niemand erkennt mein Genie«-Geschichte ist, dass die Chancen dramatisch wachsen, tatsächlich ein Genie zu werden, wenn man aufhört, sich für eines zu halten. Dann bleibt mehr Kapazität, sich auf die wirklich wichtigen Dinge zu konzentrieren und mit mehr Gelassenheit die Probleme in den Beziehungen mit Menschen, die einem wichtig sind, in Angriff zu nehmen. Und das gelingt mit Humor, Leichtigkeit, spielerischem Kind-Ich und entspanntem limbischen System auch noch deutlich besser als vorher. Also dann, auf geht's. Die Welt und sich selbst mit Humor genommen, Prinzessinendiadem aufs Haupthaar gedrückt und mit einem Augenzwinkern dem Spiegel gesagt: »Wenn ich schon kein gutes Beispiel sein kann – dann bin ich wenigstens eine grausame Warnung.«

 ## Nicht gelobt werden wir schon

Kein Zweifel, die große Mehrheit der Menschen in Deutschland ist akut »unterlobt«. Das ist weniger eine empirische Erkenntnis als vielmehr eine psychologisch-mathematische Notwendigkeit. Genau genommen geht das gar nicht anders. Dieser Umstand ist der sogenannten Überlegenheitsillusion geschuldet. Ein Phänomen, das so eine Art Wärmedämmung fürs eigene Ego ist. Es geht darum, dass der Mensch generell dazu neigt, eigene Stärken über- und eigene Schwächen unterzubewerten. Das führt zu einer – an der Börse würde man sagen – großen Spekulationsblase, was die eigenen Person betrifft. Frische Luft erhält diese zusätzlich dadurch, dass man nicht nur sich selbst nach oben hebt, sondern die anderen auch noch nach unten drückt, wenn es um deren Fähigkeiten und Leistungen geht. Die Überlegenheitsillusion besagt nichts anderes, als dass sich jeder tendenziell für ein bisschen schöner, klüger, erfolgreicher, beliebter und fleißiger hält als alle anderen.

Wie so viele Dinge hat auch die Überlegenheitsillusion evolutionär ihren Mann gestanden, will heißen: Sie brachte handfeste Vorzüge beim Überleben mit sich. In allererster Linie ein ordentlich ausgepolstertes Ego und ein stabiles positives Selbstgefühl. Beide Dinge machen das Leben leichter, wenn man vor großen Aufgaben, Mammuts oder Wollnashörnern steht oder gerade mal wieder die Heranwachsenden der Sippe in einer handgreiflichen Auseinandersetzung auf die Plätze verweisen muss. Für Zweifel an der eigenen Leistungsfähigkeit ist da wenig Platz. Wenn man es nicht mehr auf dem Kasten hatte, merkte man das in früheren Zeiten rechtzeitig genug und auch ziemlich endgültig. Man starb dann nämlich im Regelfall.

Für die Moderne ist die Überlegenheitsillusion ein wenig problematischer. Im Grunde macht sie eine realistische Selbsteinschätzung unmöglich und zeichnet stattdessen ein Zerrbild der Realität. In dem findet man sich selbst viel besser, als man es aus objektiver Sicht verdient hätte, und den anderen zusätzlich noch deutlich schlechter, als es den Tatsachen entspricht. Nun ist die strukturelle Selbstüberschätzung immer noch eine Sache, für die sich Psychologen erwärmen können. Das Vertrauen in die eigenen Stärken produziert Optimismus und Hoffnung, und das sind Emotionen, aus denen sich einiges machen lässt. Dummerweise führt das aber auch zu einem generellen Problem: Es sorgt nämlich dafür, dass lauter Menschen durch die Moderne ziehen, die glauben, dass sie zu kurz gekommen sind. Sie halten sich für viel fähiger als die Kollegin im Büro nebenan – nur dass die genau das Gleiche von sich glaubt. Wenn sich aber jeder für überdurchschnittlich hält, wird das schon rein mathematisch nichts mit dem Durchschnitt.

Sind die anderen besser, sind sie eben doof

Sollte bei den Schreibtischtätern in den Bürotürmen trotz neurologischer Verzerrung die Erkentnnis dämmern, dass ein Kollege möglicherweise fachlich einen Zacken mehr auf der Krone hat, wird der Konkurrent schleunigst menschlich abserviert. So wahrt man sein positives Selbstbild. »Frau Müller hat ja echt was auf dem Kasten«, heißt es dann am Kaffeeautomaten auf dem Gang. »Aber hast du gesehen, was die heute anhat? Puh …« Unabhängig von derart unschönen Auswüchsen können wir aus der Überlegenheitsillusion eine elementare Lehre ziehen. Da draußen laufen lauter Menschen herum, die auf nichts sehnlicher warten als auf angemessenes Lob für ihre Leistung. Genau genommen wollen sie natürlich eigentlich sogar unangemessen viel gelobt werden, aber dafür können sie nichts und man muss ihnen das mit der Überlegenheitsillusion ja auch nicht unbedingt auf die Nase binden.

In diesem Sinne: Loben Sie die Menschen, wo immer sich Gelegenheit dazu bietet. Lieber zu viel als zu wenig. Ein paar aufbauende Worte kosten nichts und Sie können sicher sein, dass Sie im Ansehen des Lobempfängers deutlich steigen. Nicht unbedingt weil er sie als einen netten Menschen kennengelernt hat, sondern weil Sie Weitblick und eine besondere Menschenkenntnis bewiesen haben, indem Sie seine Fähigkeiten überhaupt erst wahrgenommen haben. Das ist nämlich leider viel zu selten der Fall, wie der Lobempfänger selbst findet.

Deutschland ist immer noch die Sahelzone der Anerkennung

Menschen dürsten eigentlich immer nach Lob und Anerkennung, nur hierzulande meistens vergeblich, denn – die unangenehme Erkenntnis schon mal vorneweg – wir befinden uns in Deutschland mitten in der Sahelzone der Anerkennung. Die mittlere »Lobniederschlagsmenge« ist im Jahresverlauf erschreckend niedrig. Zeit, die Wüste zu begrünen. Das sollte gar nicht so schwer sein, immerhin sind sich nahezu alle Menschen einig, dass Lob eine gute Sache ist und Leistung und Motivation des Gelobten steigern. Unterschiedliche Studien haben gezeigt, dass Wertschätzung und Lob von Mitarbeitern häufig mehr geschätzt wird als eine Gehaltserhöhung. Zumindest wenn es um die dauerhafte Zufriedenheit des Arbeitsnehmers geht und das Gehalt in Ordnung ist. Die große Frage, die sich stellt, ist folgende: Wenn alle der Meinung sind, dass Lob und Anerkennung eine gute Sache sind, deren Anwendung zudem nichts kostet, aber nachgewiesenermaßen sehr viel bringt, warum loben wir dann so wenig? Rationale Gründe kann das kaum haben. Also auf zu den Ursprüngen dieses Phänomens. Dabei können wir gleich klären, warum es auf Dauer mit der deutschen Lobkultur so nicht weitergehen darf und wie man in der Sahelzone der Anerkennung ein paar Wasserquellen zum Sprudeln bekommt.

In den vergangenen Jahrzehnten hat die Wirtschaft und Berufswelt einen ungeheuren Rationalisierungsschub erlebt. Die deutsche Behäbigkeit der Wirtschaftswunderzeit ist längst aus den Fabriken und Büros stoßgelüftet worden.

Es weht ein neuer Wind – ein ziemlich kalter. Inzwischen ist jeder Arbeitsschritt und jeder Arbeitsplatz vor allem Kostenfaktor auf dem Weg zum Endprodukt, mit dem das Unternehmen sein Geld verdient. Qualitätsmanagement, Controlling und Dokumentationspflichten sind die heiligen Kühe dieser zahlengläubigen Zeit. Gerade diese Fixierung auf Zahlen hat dafür gesorgt, dass es in einigen Bereichen geradezu herrlich irrational zugeht. Und dazu zählt in jedem Fall der Umgang mit den Mitarbeitern. Der fällt nämlich weiterhin völlig uninspiriert und weitgehend planlos aus.

Das grundlegende Dilemma ist Folgendes. **Erstens:** Fast alle Führungskräfte quer durch alle Wirtschaftszweige sind überzeugt, dass häufiges Lob gut für die Leistung der Mitarbeiter ist. **Zweitens:** Fast alle Mitarbeiter quer durch alle Wirtschaftszweige sind zeitgleich überzeugt, dass sie viel weniger gelobt werden, als es ihnen eigentlich zustehen würde. Hier gibt es offenbar eine gewisse Lücke zwischen Anspruch und Wirklichkeit. Und die Frage ist: Wer hat recht? Die Führungskräfte vielleicht? Loben sie tatsächlich genug und die verhätschelten Angestellten erwarten sich einfach zu viel? »Nein, aber …«, lautet die Antwort darauf. Die Führungskräfte sind einsichtiger, als es ihnen ihre Mitarbeiter zutrauen würden.

Sie wissen selbst, dass sie ihr Team zu selten loben. Sobald man sie anonym befragt, geben sie das auch überraschend offen zu. Dabei handelt es sich um ein internationales Phänomen, das in Deutschland allerdings in verschärfter Form auftritt. Das ist die Folge eines Mentalitätsunterschiedes, von dem wir später noch hören werden. Die Führungskräfte sind aber nicht für jedes einzelne unzufriedene Gesicht im Büro persönlich verantwortlich. Selbst wenn Forschungschefinnen, Chefredakteure, Oberschwestern oder Behördenleiterinnen von heute auf morgen die Anerkennung eimerweise über die Kollegen kübeln würden, wäre das nicht das sofortige Ende aller Unzufriedenheit. Dann würden sich einige eben daranmachen, die Verteilung des Lobes zu kritisieren. Es geht nämlich nicht nur darum, dass gelobt wird, es geht auch darum, wer wie viel Lob im Vergleich zu anderen bekommt. Erhielte jeder das gleiche standardisierte Durchschnittslob, würde zwar keiner bei der Verteilung benachteiligt, zufrieden wären die allermeisten aber trotzdem nicht.

Ehrlich und herzlich loben

Der Garant für Zufriedenheit wäre spontane Belohnung. Immer wenn jemand etwas gut gemacht hat, müsste er explizit dafür gelobt beziehungsweise belohnt werden. Das beißt sich allerdings vielerorts mit arrivierten Unternehmensstrukturen. Da wird dann nach einem halben Jahr im routinemäßigen Mitarbeitergespräch aufgezählt, was alles gut war, als »spontane Belohnung« geht das nicht mehr durch. Die meisten Mitarbeiter nehmen das Lob genauso wie eine Gratifikation einfach mit. Der Motivation dient es kaum. Ob ein Lob zufrieden macht, das entscheidet vor allem die Ehrlichkeit und Herzlichkeit der Anerkennung. Bei der finanziellen Höhe einer Prämie greift dagegen der gleiche Mechanismus wie beim Einkommen. Mehr Geld führt nicht automatisch zu mehr Zufriedenheit. Dieser Mechanismus funktioniert erst dann sehr verlässlich, wenn man selbst mehr bekommt, der Kollege und der Nachbar aber leer ausgehen. Die Freude wird eher von einem Statusaufstieg ausgelöst als von der Tatsache, dass man sich nun etwas mehr leisten kann. Der Mensch vergleicht sich nunmal gerne mit der Konkurrenz – Männer legen dabei deutlich mehr Ehrgeiz an den Tag als Frauen. Bei der Selbsteinschätzung lässt man sich von Nebensächlichkeiten wie der Realität nur ungern stören – Stichwort »Überlegenheitsillusion« – deswegen ist ein gewisses gesellschaftliches Grundrauschen der Unzufriedenheit zunächst völlig normal.

Gäbe es also nur ein paar Grummelnde in den Firmen, Büros, Krankenhäusern, Schulen und Altenheimen der Republik, man könnte achselzuckend feststellen: nicht schön, aber eben auch nicht zu ändern. Die Realität allerdings sieht doch erheblich anders aus. Es sind nicht nur einige, sondern die große Mehrheit aller Menschen in Deutschland, die sich akut »unterlobt« fühlen. Eine Studie hat ergeben, dass überhaupt nur ein Viertel aller deutschen Arbeitnehmer von ihrem Chef für gute Arbeit gelobt wird. Die restlichen Führungskräfte nehmen es als Selbstverständlichkeit hin, dass die Angestellten ihren Job erledigen. Schließlich bekommen sie Geld dafür. Diese Einstellung ist in gewisser Weise durchaus nachvollziehbar, aber sie ist eben auch durchaus dumm, weil sie unnötigerweise die Motivation der Mitarbeiter aufs Spiel setzt. Nach eigenen Angaben haben rund 23 Prozent aller Beschäftigten ihren Arbeitsplatz innerlich bereits gekündigt und tun nur noch lustlos Dienst nach Vorschrift. Da reden dann schon 40-Jährige davon, wie viele Jahre ihnen noch den Buckel hinunterrutschen müssen, bis sie sich in die Rente und ihren heimischen Hobbykeller verabschieden dürfen. Derartiger Dienst nach Vorschrift bedeutet: hohe Ausfallzeiten, mangelnde Eigeninitiative und keinerlei Identifikation mit dem Arbeitsplatz. All das kostet Geld und Nerven.

Ursachenforschung

Ein Blick über den Tellerrand hilft bei der Suche nach den Ursachen. Die USA etwa schneiden bei ähnlichen Untersuchungen zum motivierenden Umgang mit Mitarbeitern erheblich besser ab als Deutschland. Der Grund ist, dass die Lobkulturen dieser beiden Länder völlig unterschiedlich funktionieren. Im deutschsprachigen Raum gilt nach wie vor der knurrige Grundsatz »Nicht geschimpft ist genug gelobt.« Der Franke, ein im Grunde recht sympathischer, aber eben auch wortkarger Menschenschlag, glaubt allen Ernstes, dass sein einsilbiges »Passt scho« der ultimative Gipfel der Anerkennung ist. Aber er steht mit derlei wunderlichen Ansichten zur Artikulation von Lob in Deutschland nicht alleine da. In die gleiche Richtung geht das hanseatische knappe und etwas vornehmere »Ordentlich«, hinter dem sich tatsächlich ein ehrlich gemeintes Lob versteckt. Eines der Probleme der deutschen Anerkennungskultur ist also, dass, wenn überhaupt einmal gelobt wird, man schon sehr genau aufpassen muss, damit man das überhaupt mitbekommt. In vielen deutschen Lobesfloskeln verbirgt sich die Anerkennung wie ein scheues Reh – als wäre es eine ausgemachte Unhöflichkeit, jemandem Anerkennung zu zollen.

Und wie schaut es auf der anderen Seite des großen Teichs aus? Da kommt kaum eine Unterhaltung ohne die jubilierenden Wörter »Great!«, »Wonderful!« und das natürlich keinesfalls zu vergessende »Awesome!« aus. Gerade im persönlichen Gespräch sind die Amerikaner zu Begeisterung jeder Art allzeit bereit. Das wirkt auf uns Deutsche manchmal geradezu verstörend. Im europäischen Norden steht das Lob eher im Verdacht, ein schmeichlerisches Werkzeug der Manipulation zu sein. Hier lebten sehr ernste Philosophen wie Friedrich Nietzsche, dessen Nihilismus auch das Lob nicht entkam: »Im Lobe ist mehr Zudringlichkeit als im Tadel«, stellte er fest und tadelte dabei zugleich ein wenig die Lobenden. Aber Moment mal: Soll es allen Ernstes höflicher sein, jemanden zu kritisieren, als ihn zu loben? Kein Wunder, dass der gute Mann stets so gänzlich verdrießlich in die Gegend schaute.

Tatsächlich ist der deutsche Lobmangel schlimm – wenn auch nicht für alle in gleichem Maße. Denn Menschen unterscheiden sich darin, wie viel Lob und Anerkennung sie brauchen. Menschen, die aktiv, schnell, lebhaft, gesprächig und manchmal lautstark sind – also Extrovertierte und menschenorientierte Persönlichkeiten –, freuen sich über Lob und Anerkennung nicht nur, sie brauchen sie als Treibstoff für ihren Motor. Wer nachdenklich, maßvoll, distanziert, ruhig und manchmal auch pedantisch ist – also die introvertierten und aufgabenorientierten Persönlichkeiten –, braucht eher weniger an ausgesprochenem Lob, im schlimmsten Fall wittern solche Menschen gar Unheil, wenn sie gelobt werden. Nach dem Motto »Was will der denn von mir? Jetzt werde ich auch noch gelobt«. Unabhängig von diesen Unterschieden bleibt aber festzustellen: Irgendwie, in welcher Form und Dosis auch immer, brauchen wir es alle. Lob und Anerkennung sind für die Seele das, was Essen und Trinken für den Körper sind. Es handelt sich um ein menschliches Grundbedürfnis, das ausgiebig und regelmäßig befriedigt werden will. Sie erinnern sich? Mit dem Lob ist das wie mit dem Essen: Nur weil man am Morgen gefrühstückt hat, freut man sich trotzdem noch auf die Brotzeit am Abend und mittags hätte man ganz gerne auch was zu beißen. Lob ist schnell verdaut, und dann braucht es Nachschub.

Dass der Mensch ein soziales Wesen ist, das auf Lob und Anerkennung angewiesen ist, zeigen grausame Experimente. Quer durch die Menschheitsgeschichte geistern Versuche, die menschliche Ursprache zu erforschen. Der Staufer-Kaiser Friedrich II. ließ im 12. Jahrhundert Säuglinge zwar mit Nahrung versorgen, sie erhielten aber keinerlei emotionale Zuwendung. Sie wuchsen in völliger Stille und Kontaktlosigkeit auf. Die Sprache, die die Kinder sprechen würden, müsste die eine Ursprache sein, von der alle anderen abstammen, so die Überlegung. In der Praxis wurde aus dem Experiment der Beweis, dass der Mensch ein soziales Wesen ist. Die Kinder starben – auf die Spuren einer Ursprache stieß man nicht.

Mangelnde Anerkennung macht krank

Eine wissenschaftliche Untersuchung aus dem 20. Jahrhundert, die sich mit deutschen Kinderheimen beschäftigt, belegt, wie negativ sich mangelnde Anerkennung auswirken kann. Satt und sauber war damals die Devise. Die Schwestern hatten in den Heimen die explizite Anweisung, die Kinder nicht zu berühren, um mögliche Ansteckungsgefahren zu minimieren. Das mag aus hygienischen Gründen sinnvoll gewesen sein, aus gesundheitlichen und emotionalen Erwägungen aber war es eine Katastrophe. In ausgewählten Städten konnten die Forscher die Todesraten bei Rötelepidemien vergleichen und stießen auf bemerkenswerte Unterschiede. Die Todesraten in den Kinderheimen waren – trotz bester medizinischer Versorgung und hoher hygienischer Standards – um 40 Prozent höher als in normalen Familien, in denen die Kinder physische und psychische Zuwendung bekamen.

Fehlende Umarmungen, fehlendes Lob, fehlende Anerkennung können im Extremfall also krank machen. Eine Erkenntnis, die man heute auch aus der Arbeitswelt kennt. Menschen, die an ihrem Arbeitsplatz zufrieden sind, die vielleicht sogar eine emotionale Bindung zu ihm verspüren, sind fast neun Tage weniger krank im Jahr als Mitarbeiter, die sich schlecht behandelt fühlen und dementsprechend demotiviert sind. Gute Behandlung kann also fast zwei Wochen Arbeitszeit im Jahr bringen – pro Mitarbeiter. Überlegen Sie mal, was das für Ihren Arbeitsplatz bedeuten würde: bessere Arbeitsbedingungen, weniger Stress für alle und ein besserer Umgang miteinander, vielleicht sogar mit den Kunden oder im Gesundheitswesen mit den Patienten. Am Ende wäre allen geholfen, ganz abgesehen von der steigenden Kreativität und Zufriedenheit der Mitarbeiter. Eine kleine Schwierigkeit bleibt da noch, nämlich die Frage, wie man seinen Mitmenschen Lob und Wertschätzung entgegenbringt. Wer lobt, der sollte auf Augenhöhe oder im Erwachsenen-Ich loben. Loben nach Gutsherrenart, also von oben herab im Eltern-Ich-Zustand, ist pures Gift für die Anerkennung.

Verdursten in der Lob-Wüste

Der Durst nach Lob ist in den vergangenen Jahrzehnten oder sagen wir im Lauf des vergangenen Jahrhunderts noch deutlich größer geworden. Als Deutschland noch eine weitgehend agrarisch geprägte Gesellschaft war, spielte die Anerkennung eine geringere Rolle. Die Menschen arbeiteten in einem überschaubaren Arbeitsumfeld. Sie fuhren aufs Feld, bestellten den Acker, dessen Früchte wuchsen, sie ernteten sie und hatten etwas zu essen. In diesen kleingliedrigen Kreisläufen war es leichter, Befriedigung aus seinem Tun zu ziehen. Jeder Handgriff diente einem nachvollziehbaren Zweck. In der modernen zergliederten Welt haben die Mitarbeiter häufig mit Projekten zu tun, die sie selbst gar nicht überblicken und die zudem auch nie richtig abgeschlossen sind. Der Büromensch kann kurz vor Feierabend nicht einen letzten, befriedigenden Blick auf das frisch gepflügte Feld werfen, sondern allenfalls seinen Computer endlich ausschalten. Der moderne Angestellte braucht deshalb umso mehr eine explizite Form der Anerkennung. Zum Beispiel das Lob des Chefs.

Es gibt keinen Zweifel: Der Mensch dürstet nach Lob. Und er dürstet zu oft vergeblich. Wir können aber unseren Teil dazu beitragen, dass die Menschen in unserem Umfeld in Zukunft eine gut gefüllte Wasserflasche voll Lob und Anerkennung bekommen. Zum Beispiel indem wir die Gelegenheit, andere Menschen zu loben, auch ergreifen. Man muss nicht warten, bis jemand eine außergewöhnliche Leistung vollbringt, um ihm zu sagen, dass er seine Sache gut macht. Zum einen gibt es einfach zu wenig außergewöhnliche Leistungen, zum anderen gehört es auch anerkannt, wenn die ganz normalen Dinge des Alltags solide funktionieren. Das ist wie Pflicht und Kür beim Eiskunstlauf. Wer einen dreifachen Rittberger aufs Eis zaubert, der braucht sich um seinen Applaus keine Sorgen zu machen. Erfolg aber hat nur der, der auch die Teile seines Programms perfekt durchzieht, die das Publikum nicht von den Sitzen hauen. Soll heißen: Außergewöhnliche Leistungen sind schön und gut, aber worauf das Leben aufbaut, das sind die kleinen Dinge. Und die gehören gelobt – und zwar immer wieder aufs Neue, im Privatleben und im Alltag. Deswegen gilt für die Teambesprechung: nicht immer nur kritisieren, was nicht funktioniert, auch immer wieder anerkennen, was alles klappt. Angefangen bei dem Umstand, dass alle pünktlich zur Besprechung erscheinen und sich ordentlich vorbereitet haben.

Die Lobkultur ist keineswegs nur ein Thema für Manager und Führungskräfte, denn die Dinge liegen im Privaten nicht sehr viel anders. Anerkennung ist in Beziehungen eines der zentralen Themen, an denen sich Wohl und Wehe einer Partnerschaft entscheiden. Allzu oft verkümmert mit der Gewöhnung an den Partner auch die Gesprächs- und Lobkultur. Irgendwann sitzen dann zwei Fremde auf der Couch nebeneinander, die sich an die Anwesenheit des anderen mehr gewöhnt haben, als dass sie sie besonders schätzen würden. Besondere Mühe gibt man sich nicht mehr, und das gilt auch für den kommunikativen Umgang miteinander. Da wird nur noch in verdichteten Datenpaketen kommuniziert (»Was gibt's zum Essen?«) und der Partner wird nicht mehr gebeten, etwas zu tun, sondern nur noch dazu aufgefordert. Dementsprechend gibt es auch keinen Dank für eine erledigte Aufgabe. Wie beim Militär: Da käme auch kein Offizier auf die Idee, seinem Gefreiten dafür zu danken, dass er seinen Befehl ausführt.

Fangen Sie an zu loben!

Was der eine schon immer getan hat, wird in einer Beziehung dem anderen über die Jahre zur Selbstverständlichkeit, für die man sich nicht mehr eigens bedanken müsste. Eher klagt man die Sache ein, wenn es nicht funktioniert. Schließlich hat man alte Rechte darauf, dass der Mann den Müll rausbringt und die Frau das Mittagessen auf den Tisch stellt. Oder umgekehrt. So wird das allerdings nichts mit dem harmonischen gemeinsamen Alter, Seit' an Seit', sich gegenseitig helfend und unterstützend, in guten wie in schlechten Zeiten. Deswegen starten Sie Ihre ganz persönliche Lobrevolution am besten gleich zu Hause und sofort. Das kann, nebenbei bemerkt, auch ganz unterhaltsame Züge annehmen. Schauen Sie auf das Gesicht Ihres Partners, wenn Sie ihm nach 20 Jahren mal wieder dafür danken, dass er am Morgen die Frühstücksteller auf den Tisch stellt, oder dafür, dass er stets die Zeitung holt oder die blöden gelben Säcke an den Gartenzaun hängt. Er wird etwas verwundert schauen, überlegen, ob dieses Lob vergiftet sein könnte oder es sich vielleicht um einen ironischen

Hinweis auf eigene Versäumnisse handelt, dann wird er wahrscheinlich misstrauisch werden und sich fragen, ob Ihr unerwartetes Lob ein Zeichen dafür ist, dass Sie etwas gutzumachen haben ... Wenn all diese Befürchtungen am Ende ausgeräumt sind und Sie ihn davon überzeugt haben, dass Sie ihn einfach nur loben wollten, dann wird er sich immer noch etwas wundern, vor allem aber wird er sich freuen. Da können Sie sich sicher sein.

Und wenn wir schon bei der Familie sind: Die Kinder zu loben ist ebenfalls eine gute Idee. Und zwar in jedem Alter, auch wenn es in der Pubertät den Eltern manchmal etwas schwerer fällt, dafür einen Anlass zu finden. Bei einem Kind lässt sich die bemerkenswerte Wirkung von Lob auch ganz wunderbar studieren. Niemand kann stolzer schauen als eine Dreijährige, die man dafür lobt, mit welcher Hingabe sie den elterlichen Geldbeutel Münze für Münze ausräumt. Die Wirksamkeit von Lob nimmt mit dem Alter übrigens kaum ab, als Erwachsener hat man nur besser gelernt, seine Gefühle zu verbergen. Man lässt sich die Freude über das Lob nicht mehr so leicht anmerken.

Dieser Prozess beginnt in der Pubertät, einer Zeit, die anerkennungstechnisch von entscheidender Bedeutung ist. Denn zwar opponieren und provozieren die Kinder jetzt, um sich von der Erwachsenenwelt zu lösen, aber sie wollen weiter, dass ihre Eltern sich für sie interessieren und ihre Leistungen zu würdigen wissen. Das fiel früher leichter, als man die Kinderlein noch mit leichtem Herzen für die Ergebnisse ihrer Bastelanstrengungen loben konnte. Wichtig ist, die Bemühungen der Pubertierenden um eine eigene Identität anzuerkennen und ihnen Wertschätzung zu zeigen. Das muss gar nicht allzu offen sein, schließlich sind die Eltern in dieser Zeit ziemlich peinlich, aber die Jugendlichen haben trotzdem ein genaues Gespür dafür, was Mama und Papa, die nun Mutter und Vater sind, von ihnen halten.

Der Durst nach Lob ist also altersübergreifend groß. So groß, dass er im Alltag und erst recht angesichts der nicht gerade freigiebigen deutschen Lobkultur kaum gestillt werden kann. Da dieses Buch vermutlich nicht zu einer sofortigen Kulturrevolution führen wird, die diesen Missstand bis morgen Mittag beseitigt und die Wüste der Anerkennung in blühende Oasenlandschaften verwandelt hat, werden wir uns mit der deutschen Lobarmut noch ein Weilchen abfinden müssen. Daraus sollten wir unsere Konsequenzen ziehen. Und die sind in diesem Fall eindeutig: Nicht gelobt werden wir schon und wenn uns die anderen zu wenig loben, dann loben wir uns einfach selbst. Und zwar täglich, ausgiebig und über den Schellenkönig, wie man in Bayern sagt. Kein falsches Zartgefühl, lassen Sie raus, wie toll Sie sind.

Durstlöscher Eigenlob

So seltsam die Idee klingt, so sicher ist ihr Nutzen. Eigenlob stinkt eben nicht, sondern stillt recht verlässlich den Durst nach Anerkennung. Natürlich ist es kein 100-prozentiger Ersatz für das Lob von außen, aber immerhin eine recht verlässliche Alternative, mit der man gut über die Runden kommt. Klar, wenn man die Wahl hat, würde man sich auch für den Latte macchiato in italienischer Barista-Qualität entscheiden, aber in der Not trinkt der Teufel eben auch schnöden Filterkaffee. Eigenlob ist sozusagen das alkoholfreie Weißbier der Lob- und Anerkennungsdurstigen – ein echtes schmeckt besser, aber das alkoholfreie kann man sich, ganz ohne gesundheitliche Bedenken, immer gönnen. Nach Anerkennung dürsten wir alle, so unterschiedlich wir im Einzelnen auch sind. Das Beste am hemmungslosen Eigenlob ist: Es handelt sich um einen kostenlosen Stimmungsaufheller, den unser Körper zur Verfügung stellt und der der Gesundheit nicht nur nicht schadet, sondern ihr im Gegenteil sogar absolut förderlich ist. Was will man mehr? Aber: Wir Deutschen tun uns nicht nur mit dem Fremd-, sondern auch mit dem Eigenlob ziemlich schwer. Es entspricht nicht unserem Naturell, sich frank und frei zu eigener Stärke und Größe zu bekennen. Und es wird auch von der Außenwelt als unangenehm empfunden. Auch hier trennen uns Welten von den Staaten, wo eine gewisse Großmannssucht gerne noch als positiver Beleg für Selbstvertrauen und Machertum interpretiert wird. Dass das auch nicht unbedingt der Weisheit letzter Schluss sein muss, ist eine andere Geschichte.

Entscheidend an diesem »Self-Hugging« (Selbstumarmung) für Einsteiger ist die Tatsache, dass es sich um voraussetzungsloses Lob handelt. Anerkennung für Leistung ist das eine, die Wertschätzung für das eigene Dasein das andere. Meist wird man gelobt für etwas, wofür man sich besonders angestrengt hat und das man am Ende auch besonders gut erledigt hat. Das ist gut, richtig und passiert viel zu selten. Aber: Der Mensch will sich auch angenommen fühlen, unabhängig von dem, was er gerade leistet. Und da tut man besonders gut daran, sich selbst darum zu kümmern. Denn in der Tat kann man im Beruf nicht unbedingt erwarten, dass einen der Chef jeden zweiten Morgen in den Arm nimmt – nur aufgrund des eigenen Daseins. Schon deswegen, weil es auch die Vorgesetzten schwer haben. Sie loben nicht zu wenig, weil sie schlechte Menschen wären, sondern weil sie zu viel um die Ohren haben, weil sie es vergessen und – nicht zuletzt – weil auch sie von keinem gelobt werden.

»Oh, bist du toll!«

Wir brauchen eine Art Rezept, eine Erinnerung für unser Eigenlob. Wie wäre es mit der »Zauberspiegel-App«? Ach, Sie haben gerade kein Smartphone zur Hand? Na, dann nehmen Sie nur Ihre Hand, fürs Erste geht das auch. Schauen Sie in die offene Handfläche (halten Sie die Hand so, dass es auch ein Telefon sein könnte – aber halten Sie sich vorsichtshalber beim ersten Mal von anderen Menschen fern) und sagen Sie: »Spieglein, Spieglein in der Hand, wer ist die Tollste im ganzen Land?« Sie können in den Satz natürlich alles einsetzen, wonach Ihnen gerade der Sinn steht: Schönste, Fleißigste, Großartigste, Gutaussehendste usw. Während Sie die Frage stellen, sehen Sie gespannt in Ihre Hand. Und dann antworten Sie sich selber mit verstellter Stimme: »**Du!!!**« Und dann gilt es, sich zu freuen, freuen, freuen und ein klein wenig überrascht zu wirken. Spätestens jetzt dürfte Ihnen klar sein, warum Sie diese Übung erst mal alleine machen sollten. Für sie gilt schließlich: Sie ist absolut bescheuert, ein bisschen wahnsinnig, wirkt aber verlässlich.

Diese und die nächste Übung hat mir übrigens mein spielerisches Kind-Ich geschenkt, und das freut sich immer noch bei jedem Vortrag, wenn das Publikum dasitzt und in die Hand hinein »Du!!!« ruft. Die andere Eigenlob-Oase ist das Lob-Rouge. Wenn es wieder mal heftig wird und ein Schlückchen Lob in weiter Ferne ist, dann nehmen Sie Zeige- und Mittelfinger der linken und rechten Hand und tunken Sie die beiden Fingern in das imaginäre Lob-Rouge-Döschen, klopfen Sie sich mit den beiden Fingern auf Ihre Wangen und massieren das Lob-Rouge ein. Dabei flüstern Sie sich schelmisch zu: »Oh, bist du toll!«, »Ich find dich klasse!«, »Du Sahnestückchen!«, oder was Sie schon immer über sich hören wollten – holen Sie sich Anregung von Ihrem spielerischen Kind-Ich und zu Risiken und Nebenwirkungen fragen Sie Ihr Erwachsenen-Ich.

Nun tun sich Frauen naturgemäß etwas leichter mit dem Lob-Rouge als Männer. Deshalb habe ich es für die Herren leicht abgewandelt. Heben Sie erst den rechten Arm und geben Sie sich einen Schmatz auf den angespannten Bizeps und garnieren Sie diese Bewegung mit einem spitzbübischen »Mann, bist du klasse« oder »Super gemacht« oder was Ihnen sonst noch Schönes und Anerkennendes einfällt. Aus symmetrischen Gründen wiederholen Sie das Ganze noch mit dem anderen Arm. Zugegeben, man kommt sich bei der Zauberspiegel-App und beim Lob-Rouge schon ein wenig dämlich vor, aber das lässt nach und der Effekt ist den Aufwand wert. Denn: Lob tut gut und nicht gelobt werden wir ja schon.

Kleine Schritte und die Mühen der Ebenen

Es stand schon häufig hier, das schöne Zitat von den »Mühen der Ebenen«, von Bertolt Brecht, dem große Dramatiker aus dem gar nicht so kleinen Augsburg.

> »Die Mühen der Gebirge liegen hinter uns.
> Vor uns liegen die Mühen der Ebenen«.

Das schrieb der Erfinder des Epischen Theaters in seinem Gedicht *Wahrnehmungen*. Und diese Zeile enthält eine der wichtigen Ideen dieses Buches, in dem es eben vor allem darum geht, an Dingen dranzubleiben, die Erfolge auszukosten und sich dann wieder auf die lange Reise zum nächsten Projektgipfel zu machen. Bei dieser lebenslangen Reise helfen dem Wandernden auf Dauer nur die kleinen Schritte. Diejenigen, die vom Start weg lossprinten, kommen später an als die, die ein kontinuierliches Tempo vorlegen – oder gar nicht.

Als Kind war ich mit meinen Eltern beim Wandern – kein Klettersteig, nur ein schmaler Weg, der sich den Berg hinaufzog. Zu Beginn sauste ich voraus und konnte gar nicht begreifen, warum sich meine Eltern so unerträglich langsam den Berg hinaufschleppten. Immer Schritt für Schritt im gleichen langweiligen Tempo. Je länger wir gingen, desto mehr geriet ich außer Puste, und bis wir unsere erste Pause auf einer Almwiese machten, war ich nicht nur fix und fertig, sondern auch kuriert von meinem Berg-Gerenne. Als die Rucksäcke nach der Pause wieder aufgeschnallt waren, stapfte ich im gleichen Rhythmus wie die Erwachsenen gemächlich, aber kontinuierlich zum Gipfel.

Die Philosophie der kleinen Schritte ist unter Bergsteigern immer noch Common Sense, im Rest unserer schnellen, modernen Welt ist sie allerdings ziemlich in Misskredit geraten. Jeder will alles ganz, und das so schnell wie möglich. Am besten gleich aufs erste Mal perfekt sein, ohne vorher je geübt zu haben. Dieser Anspruch führt allerdings schnurstracks ins Verderben – von der Mühsal der Ebenen sozusagen direkt ins Tal des Scheiterns, mit Anlauf gegen die Wand des Versagens. Wandert man das Tal des Scheiterns nur lange genug hinab, dann dauert es nicht lang, bis man sich auch schon in einem Jammersumpf zur Ruhe setzen und sein Schicksal beweinen kann. Hätte man sich nur mit etwas mehr Ruhe und Gelassenheit auf den Weg gemacht …

Gelassenheitskiller

Einer der größten Gelassenheitskiller ist der Perfektionismus. Zwischenerfolge gibt es für den Perfektionisten nicht. Er freut sich nicht über das, was funktioniert, sein Blick ruht vielmehr voller Unzufriedenheit und Unruhe auf dem, was nicht geklappt hat. Ist eine wichtige Etappe auf dem Weg absolviert, macht er keine Pause, um sich ein wenig über das Erreichte zu freuen, nein, er hält allenfalls inne, um sich zu überlegen, welcher Baustellen er sich als Nächstes annimmt. Der Perfektionist ist im Modus Dauersprint unterwegs und dabei nie zufrieden mit der eigenen Geschwindigkeit. Enorm kräftezehrend ist das und auf Dauer kaum durchzuhalten. Am Ende kann der Perfektionismus sogar zur Bremse werden. Und zwar dann, wenn Neues gar nicht mehr begonnen wird, weil die möglichen Risiken und Unzulänglichkeiten zu übermächtig erscheinen. Perfektionisten dieser Sorte sind im Beruf genauso wie in den eigenen vier Wänden gefürchtet. Sie wissen stets genau, was alles nicht geht, und halten eine Idee für unausgegoren, wenn sie nicht für alle Eventualitäten Lösungen anbietet. Selbst machen sie meist keine Vorschläge – viel zu gefährlich, da könnte ja was schiefgehen. So macht der resignierte Perfektionist meist nichts falsch, einfach weil er nichts macht. Oder aber: Er widmet sich einer Sache bis zur Perfektion, bekommt die aber nie abgeschlossen, weil es fertig für ihn nicht gibt.

Der resignierte Perfektionist

Ihm geht jeglicher Pioniergeist ab. Er stampft auf dem Weg in unbekannte Gefilde zwar immer mal wieder auch in Fettnäpfchen, aber ohne Ausrutscher sind Erfolge eben nicht zu haben. Dem resignierten Perfektionisten sind derlei Wagnisse ein Gräuel. Was er dabei vergisst: Etwas ist besser als nichts. Viel besser sogar. Und dass es gelegentlich nicht klappt? Geschenkt, Fehler sind dazu da, gemacht zu werden und aus ihnen zu lernen. Wenn man nicht fragt, bekommt man nicht mal ein »Nein!«. Oder mit Winston Churchill: »Es ist ein großer Vorteil im Leben, die Fehler, aus denen man lernen kann, möglichst früh zu begehen.«

Die Enttäuschung über mangelnde Fortschritte bei den eigenen Bemühungen allerdings ist nicht nur beim Perfektionisten verbreitet. Sie befällt auch Pioniere immer wieder. Dann gilt es, an den Ansprüchen zu schrauben und sich stets aufs Neue bewusst zu machen, dass Meisterschaft die Folge langer und harter Übung ist. Und damit wären wir schon wieder bei den »Mühen der Ebenen«. Harte Übung braucht vor allem Folgendes: Zeit, Ausdauer, Motivation, innere Ruhe, Humor und die Kraft, Rückschläge wegzustecken. Es kann bei vielen Dingen nämlich geradezu unverschämt lange dauern, bis sich erste Erfolge zeigen. Ich kann schon verstehen, warum Menschen nachlässig sind. Es strengt deutlich weniger an, als gründlich zu sein.

Keith Johnstone, der Begründer der Loose Moose Theatre Company, dem ersten kanadischen Improvisationstheater, Erfinder des Theatersports und Dramaturg am Royal Court Theatre in London, begann mit 70 Jahren, Selbstporträts zu zeichnen. Jeden Tag eines und jede einzelne Zeichnung hob er auf. Manchmal ärgerte er sich über missglückte Skizzen, manchmal brachten sie ihn zum Schmunzeln. Aber egal, wie er seine Zeichnungen fand, er hob sie alle auf. Allein das fand ich schon genial, denn was hätten ich und ein großer Teil der restlichen Menschheit gemacht? Richtig. Wir hätten die missglückten Zeichnungen weggeschmissen. Wer hebt schon die Versuche auf? Offenbar diejenigen, die es draufhaben und dranbleiben. Nach knapp zwei Jahren stellte er zufrieden fest, dass das 523. Selbstporträt tatsächlich deutlich besser aussah als das erste, das zweite und das 57., das er gemalt hatte, und den Vergleich konnte er nur machen, weil er alle Zeichnungen aufgehoben hatte und sich nicht von seinen langsamen Fortschritten hatte irremachen lassen.

Als er in einem Workshop davon erzählte, war ich völlig aus dem Häuschen: Was für ein kluger Kopf. Das ist die Geschwindigkeit, in der sich persönlicher Fortschritt in der Regel vollzieht, und Johnstone ist es gelungen, ihn sichtbar zu machen. Gründliche und dauerhafte Veränderungen gibt es nicht im Schnellverfahren, aber auf lange Sicht tragen hartnäckige Bemühungen immer Früchte. Die Ebenen bis zum nächsten Gipfel sind lang und der Weg durch sie hindurch ist zäh. In China gibt es das Sprichwort »Nichts, was gut ist, geschieht schnell«. In unserem Kulturkreis hat man derweil die Siebenmeilenstiefel erfunden. Echter Fortschritt ist damit aber nicht zu haben, allenfalls schnelle Erfolge, von denen sich nicht lange zehren lässt. Deshalb gibt es die Siebenmeilenstiefel auch nur im Märchen.

Zauberformeln, Märchen und Geheimrezepte

Das Fatale ist, dass das viele einfach nicht glauben wollen. Sie lesen die Geschichten von den vermeintlich über Nacht aus dem Nichts aufgegangenen Stars und fragen sich verzweifelt, warum es nur bei ihnen nicht schneller vorwärtsgehen will. Dabei sind auch die großen Stars nicht vom Himmel gefallen. Der Durchbruch, der tatsächlich auf einen Schlag kommen kann und dann sehr märchenhaft aussieht, ist aber das Resultat knallharter Arbeit. Wer allerdings stets nur auf den großen Erfolg sieht, der vergisst, die kleinen Fortschritte zu schätzen, und wird den Weg genau deshalb nicht zu Ende gehen. Man sollte immer daran denken: Gipfel sind leichter zu erkennen als die Ebenen, und am besten behält man stets beides im Blick. Der

Wunsch nach dem schnellen Erfolg nährt die Hoffnung, dass es vielleicht doch so eine Art Erfolgsgeheimnis gibt, eine Zauberformel, mit der man sich das ganze nervenaufreibende Geübe sparen kann.

Damit lässt sich viel Geld verdienen. Angefangen von »In zehn Tagen zum Traumbody« über »So schnell gelingt die Liebe« bis hin zu »Schlank über Nacht«. Es dauert nicht lange, bis sich herausstellt, dass man so einfach nicht ans Ziel gelangt. Dann aber hat man nur aufs falsche Pferd, auf die falsche Zauberformel gesetzt, und muss schleunigst die nächste ausprobieren. Her mit einem neuen Plan à la: »So leicht war Abnehmen noch nie« oder »Perfektes Sixpack in zwei Wochen«.

Geheimrezept Dranbleiben

Dabei kann ich Ihnen das Geheimrezept für den Erfolg gerne verraten, nur dass es weder sonderlich spektakulär noch erfreulich ausfällt. Es lautet nämlich: **Dranbleiben!** Eine Abkürzung zum Erfolg gibt es nicht – allenfalls nicht planbare Glücksfälle. Hartnäckigkeit und Einsatz zahlen sich aus – auch wenn keiner im Vorhinein sagen kann, wie und in welcher Form die Rendite auf dem Konto landet. Vom erfolgreichen Ende her betrachtet lassen sich die zahlreichen kleinen Schritte auf dem Weg zum Erfolg leicht als wichtige Bausteine erkennen. Sind wir aber gerade mitten in der Ebene, geht uns dieser Überblick oft ab. Zu schwer wiegen die Strapazen, zu klein sind die Fortschritte und zu sehr zweifelt man daran, dass all die Bemühungen eines Tages tatsächlich zu einem Ziel führen sollen. Hier verabschieden sich viele in den Jammersumpf, können und wollen nicht mehr weiter. Stattdessen machen sie Pause für immer und trösten sich mit gemeinsamem Jammerjodeln über die Ungerechtigkeit der Welt.

Diejenigen, die es zu etwas gebracht haben im Leben, zu außerordentlichem Erfolg oder außergewöhnlicher Meisterschaft in einer Sache, die sind an ihrem Projekt drangeblieben, auch wenn es zwischenzeitlich hart war. Diejenigen haben keine Abzweigungen oder Abkürzungen genommen und diejenigen ließen sich auch nicht von den süßen Verführungen des Jammersumpfes betören. Vom Weg abzukommen geht unglücklicherweise leichter, als man denkt, wenn man am Start topmotiviert auf die Strecke geht. Da erscheint es noch unvorstellbar, dass einem jemals die Puste ausgehen könnte. Aber der Moment kommt, und deswegen lohnt ein Blick darauf, auf welche Weise die meisten Menschen ihr Ziel aus den Augen verlieren.

Von sprunghaften Dilettanten, Perfektionsbeißern und Passt-Scho-Stehenbleibern

Der sprunghafte Dilettant

Der Gute ist ins Beginnen verliebt und würde sich am liebsten die Hesse-Zeile »Jedem Anfang wohnt ein Zauber inne« quer über Brust oder Steißbein tätowieren lassen. Dementsprechend häufig bricht er zu Neuem auf und lässt Altes sehr gerne hinter sich. Nur, dass in seinem speziellen Fall dieses Alte vor wenigen Wochen noch das Neue war. Die Trendgymnastik aus Brasilien, die Yakmilch-Diät aus der hinteren Mongolei, Gesetze der Gewinner aus den USA? Super, her damit, wie spannend ist das denn? Mit großem Elan und voller Begeisterung stürzt sich unser sprunghafter Dilettant in diese fremden und so betörend aufregenden Welten. Bis, ja, bis das Neue zur Gewohnheit wird. Dann lässt die Begeisterung schnell nach und bald auch der Wille, allzu viel Kraft und Mühe in diesen Bereich zu investieren. Schon weil die anfänglichen Fortschritte auf dem neuen Gebiet mittlerweile erlahmt sind. Unser Dilettant weiß nun in der Theorie, wie der Hase läuft, aber in der Praxis beherrscht er nur die Grundlage und die nicht ordentlich. Um ein bisschen mitzureden, dafür reicht es. Um mit der neuen Trendgymnastik aus Brasilien tatsächlich fit zu werden oder mit der Mongolei-Diät wirklich abzunehmen, dafür reicht es nicht. Bald hat unser sprunghafter Dilettant seine Bemühungen eingestellt und sich für den nächsten Kurs im nächsten Fitnessstudio eingeschrieben, in der nächsten Zeitschrift den nächsten Diättipp entdeckt und sich für das nächste Seminargroßereignis beim nächsten Karrierenetzwerk angemeldet. Die Psychologie nennt unseren Dilettanten einen *puer aeternus*, ein ewiges Kind, das nur spielen will. Wir haben hier die Schattenseite unseres spielerischen Kind-Ichs vor uns. Das wollten wir einige Kapitel zuvor noch unbedingt herauskitzeln, und jetzt steht es wegen seiner Flatterhaftigkeit in der Kritik. Wie jetzt? Ganz einfach, wir brauchen beides: die Begeisterung des Kindes für das Neue, seine spielerische Freude am Unbekannten, auf der anderen Seite aber auch Stehvermögen und Durchhaltewillen des Erwachsenen-Ichs, wenn die Neugier Pause macht. Ohne den Willen und die Kraft, an einmal begonnenen

Projekten dranzubleiben, fängt man stets Neues an, ohne es je zu Ende zu bringen. So bringt man sich um den Erfolg seiner Bemühungen.

Der sprunghafte Dilettant beschränkt sein Betätigungsfeld nicht nur auf Fitnessstudios und Diäten, seine Begeisterungsfähigkeit schlägt sich in allen Bereichen nieder. Im Beruf ist er ein gefürchteter Kollege, von dem stets »friendly fire« zu erwarten ist. Bei den ganzen Konzepten, die er mit lockerer Hand aus der Hüfte abfeuert, wollen die Kollegen gar nicht mehr wissen, wie es in seinem Kopf aussieht. Er führt die Abteilung mit euphorischen Plänen und großen Reden in unübersichtliche Projekte, verabschiedet sich aber bald von der operativen Arbeit, um das nächste Konzept auszuarbeiten. Nicht, dass er das böse meinen würde, aber er hat im Moment einfach keine Zeit für das alte Projekt, weil er doch gerade Feuer und Flamme für seine neue Idee ist.

Im Privaten ist der sprunghafte Dilettant ein äußerst unsicherer Kantonist. Ihn reizt die Eroberung des Neuen. Dann zeigt er oder sie sich von seiner/ihrer jeweils schönsten und charmantesten Seite. Es wird geworben und gebalzt, Euphorie, Adrenalin und ganz viel Frühlingsgefühle pulsen durch den Körper. Haben die Bemühungen des Dilettanten Erfolg, dauert es nicht lange, bis im Alltag die Ernüchterung um die Ecke lugt. Sie findet seine Toilettengewohnheiten ausbaufähig. Er stellt bald fest, dass nur eine schlafende Frau eine zufriedene Frau ist. Bald wird es beiden zu bunt, sie beenden das gemeinsame Projekt und machen sich voller Begeisterung auf die Suche nach dem nächsten Abenteuer.

Der Perfektionsbeißer

Vom Ansatz her ganz anders, allerdings mit ähnlichem Ergebnis, ist der »Perfektionsbeißer« unterwegs. Wir alle kennen ihn. Er ist mit Herzblut bei der Arbeit – Engagement und Optimismus sind sein zweiter und dritter Vorname. Es handelt sich um Männer und Frauen, die gerne Sätze sagen wie »Jetzt erst recht!« oder »Ich schaff das schon, das hab ich immer geschafft«. Der »Perfektionsbeißer« ist ehrgeizig bis zum Anschlag. Er will der Beste sein, und dafür ist er auch bereit, alles zu tun. Vom ersten Moment an haut er sich mit all seinem Engagement in eine neue Aufgabe. Doch je mehr Herzblut man in seine Aufgabe legt, je mehr das eigene Wohlergehen von dessen Erfolg abhängt, desto größer ist die Gefahr, sich zu verbeißen. Und dann kann schon mal der Bezug zur Wirklichkeit verloren gehen.

Dann werden Ziele weiterverfolgt, auch wenn sie sich längst als unpassend oder unerreichbar herausgestellt haben. Die Stärken des Perfektionsbeißers verkehren sich dann ins Gegenteil, seine Ausdauer wird zum Starrsinn und seine Entschlossenheit zur fixen Idee. Eine ungesunde Mischung aus Übermotivation, Perfektionismus und Verdrängung hat sich der Perfektionsbeißer da zusammengemischt. Sie macht blind für alles, was dem eigenen Wunschbild nicht entspricht: Was nicht passt, wird passend gemacht. Selbst wenn höhere Mächte den Gipfel, auf den der Perfektionsbeißer zusteuert, schon längst abgetragen hätten, er bliebe auf dem Weg.

»Wenn du entdeckst, dass du ein totes Pferd reitest, steig ab«, besagt ein Sprichwort der Dakota-Indianer. Der Perfektionsbeißer würde genau das nicht tun. Er würde versuchen, das tote Tier doch noch irgendwie ins Ziel zu hetzen – um jeden Preis. In seinem Wahnsinn würde er seiner Umwelt erklären, dass das Pferd zwar möglicherweise zuletzt etwas dünn geworden sei und sich zugegebenermaßen auch schon länger nicht mehr bewegt habe, aber man nur eine längere Peitsche besorgen müsse, dann werde das schon wieder. Er käme noch eher auf die Idee, die Kriterien zu verändern, die besagen, wann ein Pferd tot ist, als die Niederlage einzugestehen. All seine Bemühungen ändern an einem natürlich überhaupt nichts: der Gaul ist hinüber, das Projekt im Eimer.

Richtig schwierig für Projekte wird es, wenn sich mehrere Perfektionsbeißer in einem Team zusammenfinden. Das kann dazu führen, dass sich ganze Konzerne verrennen – so geschehen mit dem Versandhändler Quelle aus meiner mittelfränkischen Heimat. Er hatte verpasst, rechtzeitig ins Internetgeschäft einzusteigen, und siechte die letzten Jahre nur noch vor sich hin. Das letzte Zucken vor dem endgültigen Zusammenbruch: Einmal noch, ein letztes Mal wurde in einem finalen Kraftakt der berühmte Quelle-Katalog herausgegeben. Ein Fanal des eigenen Scheiterns.

Ein schönes Beispiel für ein wesentliches Problem des Perfektionsbeißers. Wenn etwas schiefläuft, dann gibt es für ihn nur eine Lösung: mehr vom Gleichen. Mehr Motivation, mehr Kraft, mehr Ausdauer, mehr Geld, mehr Weiterbildung. Eine Reflexion, ein humorvolles Zurücktreten vom ursprünglichen Ziel gepaart mit der Frage »Was mach ich da eigentlich?« würde für den Perfektionsbeißer ja bedeuten, seinen Irrtum einzugestehen, und das nagt an sei-

nem Selbstverständnis: (»Niemand erkennt mein Genie.«)
Je mehr man reinzahlt, desto mehr möchte man auch den
Erfolg ausbezahlt haben. Deswegen fallen Pleiten großer
Konzerne gerne auch maximal spektakulär aus: weil bis zuletzt dem verlorenen Geld Geld hinterhergeworfen wird, in
der stillen Hoffnung auf die Rettung. Auch nicht viel anders
als der Spielsüchtige, dessen Jackpot stets nur eine Münze
und einen Tastendruck entfernt ist. Humor und sich selbst
auf den Arm zu nehmen sind für Perfektionsbeißer sehr
hilfreiche, fast schon zwingend notwendige Lockerungs-
übungen, um den Blick zu weiten. Auf den Gipfel stieren ist
nämlich genauso gefährlich wie vor sich hinzuwursteln,
ohne den Gipfel im Blick zu haben.

Der Passt-Scho-Stehenbleiber

Ein selbstgenügsamer Mensch, der in erheblichem Maße
dazu neigt, sich auf seinen Lorbeeren auszuruhen. Der
»Passt-Scho-Stehenbleiber« hat nur geringe Ansprüche an
sich. Haben ihn die Umstände doch einmal gezwungen,
sich bestimmte Dinge anzueignen, so ist er mit dem Erreichten bald zufrieden und sieht kaum Anlass, sich weiter
auf dem Weg nach vorne zu arbeiten. Erst recht nicht, wenn
der Weg auch noch auf einen Gipfel führen soll. Das würde ja bedeuten, es ginge bergauf. Nee, dann doch lieber
die heimische Couch oder Badewanne. Kein Grund für
übertriebene Betriebsamkeit. Muss schließlich doch alles
nicht sein, oder? Und so sieht der Passt-Scho-Stehenbleiber das auch mit Blick auf seine zwischenmenschlichen
Beziehungen.

Eine Partnerschaft versteht er eher als zweckrationales Bündnis, das zum Ziel hat, gemeinsam vernünftig durchs Leben zu kommen. Sehnsucht nach flammenden Liebesgefühlen hat er nicht und flattern bei ihr oder ihm doch einmal die Schmetterlinge im Bauch, denkt der Passt-Scho-Stehebleiber«, eher an eine Nahrungsmittelunverträglichkeit als an emotionalen Aufruhr. Dieser Typ Mensch kommt solide durchs Leben. Im Job macht er Dienst nach Vorschrift, mit seinem Lebenspartner hat er sich arrangiert und ansonsten geht er Kegeln und sie zum Canasta-Abend. Alles in Ordnung, aber wer derart schnell zufrieden ist oder das zumindest von sich behauptet, der kommt auch nicht allzu weit, weil er niemals auch nur annähernd das aus sich herausholt, zu was er fähig wäre. Und das macht, wenn derjenige ganz genau in sich hineinhört, nicht dauerhaft glücklich, weil der Mensch dazu geschaffen ist, zu gestalten, und zwar mit all den Möglichkeiten, die er hat.

Der Mensch ist ein Gewohnheitstier

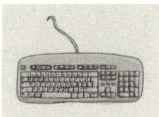

Bisher ging es vor allem darum, bestimmte Geisteshaltungen zu vermitteln, die uns auf dem Weg durch die Ebenen helfen können, sowie Mittel und Wege, sie aktiv in den Alltag zu integrieren. Diese inneren Einstellungen sollen uns die Kraft für die anstrengenden Etappen der Wanderung durch die Ebenen geben, einer bestimmten Motivation treu zu bleiben, auch wenn das Ziel nur undeutlich am Horizont auszumachen ist. Und nun geht es eher um die praktische Seite der lebenslangen Wanderung. Und da fangen wir am besten damit an, wie wir es vermeiden können, am Ende entweder im Jammersumpf oder in den Jagdgründen der ewigen Gleichgültigkeit zu landen.

Falsche Hoffnung enttäuscht

Wie wäre es – erstens – mit Bescheidenheit? Wer sagt denn, dass wir alles am schnellsten beherrschen können müssen, wer verbietet uns eigentlich, langsamer als der Rest beim Erlernen einer neuen Fähigkeit zu sein? Wenn wir eine neue Sprache den Rest unseres Lebens sprechen, ist es da nicht ziemlich unerheblich, ob man nach schon drei oder erst vier Jahren flüssig spricht? Seien Sie sorgsam mit sich und überfordern Sie sich nicht. Wer beharrlich dranbleibt, kann fast alles lernen. Wer ungeduldig wird, kommt häufig nicht ans Ziel.

Oder mit dem Hinweis, sein Ziel nie aus den Augen zu verlieren. Da stimmt doch jeder zu, auch wenn im Alltag schon mal untergeht, dass das Ziel der Fixpunkt ist, auf den sich die Bemühungen richten sollen. Weitaus spannender ist die Frage, wie hoch Ziele gesteckt werden. Das sogenannten False Hope Syndrome ist ein verbreitetes Phänomen. In der Praxis zeigt es sich vor allem dann, wenn Menschen sich übertrieben ehrgeizige Ziele setzen, diese nicht komplett erreichen und das an und für sich gute Ergebnis ihrer Bemühungen dann zu einer persönlichen Niederlage erklären. Nach dem Motto »Wenn ich mein Ziel nicht erreicht habe, ist das, was ich schon geschafft habe, auch nichts wert«. Das ist natürlich Unsinn und ziemlich unfair gegenüber den eigenen Anstrengungen. Zu hoch gesteckte Ziele lassen sich vor allem damit erklären, dass die meisten Menschen unterschätzen, wie unerhört anstrengend es ist, sich zu ändern oder einen herbeigesehnten Status dauerhaft zu halten. Ein ziemlich beeindruckendes Beispiel: Zwei Wissenschaftler der Universität Toronto befragten Frauen, die abnehmen wollten, welche persönlichen Ziele sie sich diesbezüglich gesetzt hatten. Die meisten gaben an, mindestens 25 Kilogramm abnehmen zu wollen – ein ziemlich ehrgeiziger Wert, den die Damen offenbar tatsächlich ernst meinten. 47 Prozent der Frauen, die im Zuge der Studie beeindruckende 16 Kilo abgenommen hatten, waren hinterher allen Ernstes enttäuscht. Das muss man sich allerdings erst mal auf der Zunge zergehen lassen. Offenbar hatten die Frauen das Scheitern an dem zu ehrgeizig gesetzten Ziel als persönliche Niederlage empfunden, obwohl sie eine beeindruckende Leistung hingelegt hatten. Das ist eine fast schon ärgerlich-dumme Art, seine verdiente Erfolgsbelohnung in den Dreck zu ziehen. Übrigens sollte man sich gelegentlich bewusst machen, dass im Mittelalter 99,9 Prozent aller Menschen gar nicht auf die Idee gekommen wären, sich große Wünsche auszudenken. Die waren viel zu sehr damit beschäftigt zu überleben. Die Erkenntnis, dass wir in einer glücklichen historischen Ausnahmesituation leben, kann tröstlich sein, wenn es mit der Befriedigung so mancher Wünsche einfach nichts werden will.

Und was hilft sonst noch auf dem Weg durch die »Mühen der Ebenen«? **Sinn!** Die Motivationsforschung zeigt, dass es Menschen leichter fällt, an einer Sache beharrlich dranzubleiben, wenn sie wissen, für welchen Zweck sie sich quälen sollen. Wenn Sie Lust haben, dann gönnen Sie sich mit Ihrem Großhirn eine halbe Stunde Ruhe auf dem Sofa und gehen auf persönliche Sinnsuche. Nehmen Sie was zum Schreiben und notieren Sie alle größeren Projekte und Bemühungen, die Sie gerade am Laufen haben. Dann schreiben Sie dahinter alle Punkte, die dafür sprechen, die Sache auch weiterzuverfolgen. Sind Sie gut gelaunt und entspannt, dann wird Ihnen das leichtfallen und es kommen eine ganze Menge Dinge zusammen. Diesen Zettel packen Sie in eine Schublade, für schwere Zeiten. Ziehen mal wieder dunkle Wolken auf und Sie würden sich am liebsten gehen lassen, dann greifen Sie zu diesem Notfallzettel. Er wird Sie an so manches erinnern, für das es sich lohnt, die nächsten kleinen Schritte zu machen. Es ist ja nicht so, dass wir es nicht wüssten, wir vergessen es eben nur so leicht.

Gewohnheiten schonen das Gehirn

Überlegungen brauchen einfach mehr Zeit und Mühe als reflexhaftes Reagieren, deshalb sind unsere Gewohnheiten so mächtig. Unser limbisches System merkt sich sehr schnell, was uns, in einer als bedrohlich empfundenen Situation, aus der Patsche geholfen hat. So kann zufälliges Verhalten, wenn es mit einer intensiven Emotion gepaart ist, zu einer als positiv eingestuften gewohnheitsmäßigen Verhaltensweise werden. Deshalb prägen Gewohnheiten unseren Alltag und machen ihn effizient. Unser Gehirn mag Gewohnheiten, weil sie die Arbeit erleichtern und unser Überleben als Spezies gesichert haben.

Zu welch großem Teil das Leben eines Menschen aus Gewohnheiten besteht, das haben der Wissenschaftler Albert-László Barabási und sein Team von der Northeastern University in Boston gezeigt. Sie erstellten über sechs Monate hinweg anonyme Bewegungsprofile von 100.000 Mobilfunkkunden und werteten sie aus. Bei jedem Gespräch und jeder SMS wurde der Mobilfunkmast festgehalten, in dessen Zelle sich die betreffende Person gerade befand, sodass sich mit der Zeit komplette Bewegungsprofile einzelner Personen ergaben. Die interessierten dann zum Beispiel Stadtplaner, die sich um die Verkehrserschließung kümmern, oder Epidemiologen, die die Verbreitung von Krankheiten untersuchen. Als die Ergebnisse im Fachmagazin *Nature* veröffentlicht wurden, zeigte sich, dass wir uns die meiste Zeit an wenigen und stets denselben Plätzen aufhalten. Das ist jetzt nicht so wirklich verblüffend, denn wer jeden Tag zur Arbeit muss, mittags etwas isst, abends wieder heimfährt, hat zwangsläufig periodische Wiederholungen in seinem Leben. Wir sind in weitaus stärkerem Maße Gewohnheitsmenschen, als das manchem Individualisten lieb sein mag. Als inhärente Periodizität bezeichnet Barabási die ermittelten Muster, in denen sich unser Leben üblicherweise alle 24 Stunden wiederholt – und täglich grüßt das Murmeltier.

Gewohnheiten gibt es natürlich nicht nur bei einzelnen Menschen, sondern auch bei Gruppen, Teams und kompletten Organisationen. 2001 begannen die umfassenden Veränderungen bei Novartis. Damals fasste das Pharmaunternehmen den Entschluss, seinen Hauptsitz auf dem früheren Werkareal St. Johann in Basel in einen Ort zu verwandeln, der der immer komplexeren Arbeitswelt des 21. Jahrhunderts gerecht werden sollte. Für die Neugestaltung der Büro- und Laborgebäude auf dem hauseigenen Campus setzte Novartis daher auf ein innovatives Konzept namens »Multi Space«: Bis zum Jahr 2030 wird es am Hauptsitz des Konzerns praktisch keine Einzelbüros mehr geben; bis dahin sollen fast alle Arbeitsplätze in offenen Räumen untergebracht sein, mit ansprechend gestalteten Pausenecken, separaten Sitzungszimmern und weiteren Rückzugsmöglichkeiten für vertrauliche Gespräche. Ein radikaler Bruch mit den Gewohnheiten der Mitarbeiter. Und es dauerte bereits drei Jahre, bis allein Teile der oberen Kaderstufe erkannt hatten, dass es sinnvoll war, die Veränderungsprozesse professionell zu begleiten. Wie lange es dauerte, bis sich die neuen Gewohnheiten in der neuen Bürowelt bei den Mitarbeitern entwickelten, ist leider nicht bekannt.

Die Freude am Bestehenden – meine Tastatur

Weil Gewohnheiten per se aber erst mal etwas Positives für uns sind, fühlt es sich auch meistens unangenehm an, von ihnen abzuweichen. Selbst bei nicht überlebensabhängigen Dingen wie der Frage, wer wo am Mittagstisch sitzt. Kommt Besuch und setzt sich auf den eigenen Stuhl, dann wird man ihn wohl gewähren lassen, aber es fühlt sich seltsam an. Die ungute Seite der Gewohnheit zeigt sich immer dann, wenn der Mensch am Gewohnten festhält, wenn Gewohnheiten längst überholt und als Verhaltensweise nicht mehr adäquat sind. Ein hübsches Beispiel dafür ist QWERTZ. Die Buchsta-

benkombination steht für das im deutschen Sprachraum do-
minierende Tastatursystem und ist nach den ersten sechs
Buchstaben in der obersten Reihe benannt. Es stammt noch
aus den Anfangsjahren der Schreibmaschinenzeit, findet
sich aber bis heute auf nahezu jeder PC-, Notebook- oder
Tablet-Tastatur. Dabei ist QWERTZ eigentlich völlig unsin-
nig. Es gibt Buchstabenanordnungen, die es ermöglichen
würden, wesentlich schneller zu schreiben, aber sie setzen
sich nicht durch. Der Grund für QWERTZ war die mangelhafte Mechanik der Schreibmaschine am Ausgang des
19. Jahrhunderts. QWERTZ wurde 1873 mit Absicht als be-
nutzerunfreundliches System entwickelt. Mit dem expliziten
Ziel, die Tippgeschwindigkeit herabzusetzen, weil die am
häufigsten benutzten Tasten vergleichsweise schwer zu erreichen sind. Hintergrund war der Umstand, dass sich bei besonders schnellen Sekretären ständig die Typenhebel ver-
hakten und man es deswegen als sinnvoll erachtete, die
Schreibgeschwindigkeit zu reduzieren. Nun ist es einige
Jahre her, seitdem die Schreibmaschine im Technikmuseum
verschwunden ist, und trotzdem hetzen wir unsere Finger
noch über QWERTZ. Längst gibt es bessere Tastatursysteme,
die mit ein paar Klicks auch jeder im Internet bestellen
könnte, nur tut das keiner. Die allermeisten Menschen haben sich schlicht an ihre QWERTZ-Tastatur gewöhnt. Eine
Umstellung oder Veränderung der Gewohnheiten würden
kurzfristig Energie und Kraft kosten, die Rendite könnte
man aber erst mittel- bis langfristig einfahren. So viel zum
Gewohnheitstier Mensch.

Rückenwind durch Emotionen

Wer seine Gewohnheiten ändern will, der muss sich ein wenig Rückenwind verschaffen. Am besten, indem er Emotionen ins Spiel bringt. »Tief im Gehirn geht es immer darum, was emotional mehr bewegt, und bloße Einsicht hat noch niemanden geändert«, erklärt Prof. Roth, Direktor des Instituts für Hirnforschung der Universität Bremen. Allerdings kämpft man gegen einen harten Konkurrenten, wie der Professor weiß. Denn wenn wir Gewohnheiten aufrechterhalten, belohnt uns das Gehirn dafür mit einer kleinen Dosis Endorphinen. Was wirklich hilft, mit schlechten Gewohnheiten zu brechen, sind vor allem zwei Dinge. Die neuen Verhaltensweisen, die an die Stelle der alten treten, müssen mit positiven Emotionen verbunden werden. Sie sollten also am besten in irgendeiner Form Spaß machen oder als angenehm empfunden werden. Und – das gilt auch hier: Man darf sich nicht überfordern, die kleinen Schritte führen dazu, dass man seine Gewohnheiten dauerhaft umstellt. Diejenigen Couch-kartoffeln, die ihren Vorsatz, endlich mehr Sport zu treiben, in Woche eins mit dreimal Zehn-Kilometer-Jogging ausleben, landen am sichersten und schnellsten wieder vor dem Fernseher. Schon deswegen, weil der Muskelkater nach der ersten Woche alles Mögliche ist, aber sicher keine positive Emotion.

Und wenn es nicht klappt? Wenn Fehler passieren oder man einfach keine Lust mehr hat? Wer beharrlich dranbleibt, kann fast alles lernen. Wer ungeduldig wird, kommt häufig nicht ans Ziel. Durchhalten ist aber kein reines Glücksversprechen, sondern darf auch manchmal kräftezehrend sein: »That's life!« Rechnen Sie mit solchen Ernüchterungseinbrüchen. Und: Wappnen Sie sich dagegen, indem Sie sich Ihre persönlichen Motivationsquellen und bisherigen Erfolge ins Gedächtnis rufen. Wenn das in der akuten Situation nicht hilft, dann machen Sie dieses Mal eben eine Pause. Laien verhalten sich häufig nach dem Motto »Ganz oder gar nicht!«. Wenn sie einmal schlapp machen, schmeißen sie gleich ganz das Handtuch. Der Profi in den »Mühen der Ebenen« weiß aber, dass man hin und wieder Ausnahmen zulassen kann, ohne deshalb vom Kurs abzukommen. In der Ernährungswissenschaft gibt es das Prinzip der flexiblen Kontrolle: kein Radikalverzicht auf Süßes und Fettes, sondern in Maßen genießen.

Beim Dranbleiben geht es immer auch um einen vernünftigen Umgang mit Fehlern. Das bedeutet zunächst, sich diese überhaupt erst einzugestehen, wenn sie passieren. Nur so kann man dafür sorgen, dass sie sich nicht wiederholen. Ein vernünftiger Umgang mit Fehlern bedeutet aber auch, diese Fehler nicht ewig mit sich herumzuschleppen. Was man einmal im Leben verbockt hat, sollte eine Warnung für die Zukunft sein, aber kein Ballast, den man ewig mit auf den nächsten Gipfel wälzen muss. Fehler passieren und wenn man sie schon macht, dann sollte man zumindest etwas daraus lernen. Im besten Fall macht man jeden nur ein einziges Mal. So gesehen kann man sich über jeden Fehler freuen und ihn von der Liste aller möglichen Fettnäpfchen streichen.

Wir brauchen eine innere Landkarte

Enorm hilfreich bei der Wanderung durch die Ebenen ist außerdem eine Landkarte. Eine Landkarte der eigenen Ziele im Leben. Wir können sie auch einen inneren Kompass nennen. Die Landkarte soll uns helfen, unsere Ziele klar festzulegen und uns Orientierung geben im alltäglichen Wirrwarr, bei dem der Blick aufs große Ganze schon mal abhandenkommen kann. In unserem Alltag kommen so viele Dinge um die Ecke, die wichtig und dringend aussehen, so viele Sachen, die wir für wichtig und dringend halten, dass man sehr leicht den Überblick verlieren kann. Deswegen braucht man den inneren Kompass oder die moralische Landkarte im Gepäck. Damit fällt es leichter, Schritt für Schritt vorwärtszugehen und das auch noch in die richtige Richtung. Wir gewinnen damit einen Maßstab, was uns wichtig ist, in was wir Zeit und Mühe investieren sollten. Auf der Karte wird eingezeichnet, was die wichtigen und was die weniger wichtigen Dinge im Leben sind, und die Entscheidung, bei den wichtigen Dingen dranzubleiben. »Der erfolgreiche Mensch hat die Eigenschaft, Dinge zu tun, die die Versager nicht gerne tun. Die Erfolgreichen tun sie auch nicht notwendigerweise gern. Aber ihre Abneigung ist der Kraft der Sinnerfüllung untergeordnet«, sagt der Erfolgsforscher E. M. Gray. Auch wenn das Wort »Versager« zu hart ist, was Gray meint, ist klar: Man kann eine ganze Menge an Zumutungen verkraften, wenn man sich wirklich sicher ist, wofür man diese aushalten soll.

Die 6.000 Stunden Unterschied in der Übungszeit zwischen dem mittelmäßigen und dem herausragenden Violinisten lassen sich aus genau diesem Umstand heraus erklären. Der spätere Star war einfach früher davon überzeugt als der mittelmäßige Schüler, dass es eines seiner zentralen Prinzipien im Leben ist, die höchste ihm mögliche Vollendung auf der Violine zu erreichen. Diese klare Überzeugung motivierte ihn dazu, mit mehr Vehemenz an diesem Projekt dranzubleiben, als dies sein Kollege zustande brachte. Deshalb mein Rat an Sie: Tun Sie Dinge aus Überzeugung. Das bedeutet allerdings auch, dass man sich ein bisschen Zeit nehmen muss, darüber nachzudenken, was einem wirklich wichtig ist im Leben. Es ist eigentlich verblüffend, wie viele Menschen vor lauter Stress im Alltag oder auch aus einer inneren Scheu, sich mit sich selbst auseinanderzusetzen, nie dazu kommen, sich über ihre Landkarte Gedanken zu machen. Auf jede ernsthafte Bergwanderung nimmt man eine Karte mit, jeder Urlaub wird besser durchdacht und geplant, aber durchs Leben lavieren sich viele plan- und orientierungslos.

Was wichtig ist

»Love it, Change it or Leave it!«, lautet eine englische Lebensweisheit. Man kann damit gut hinterfragen, was einem im Leben wirklich wichtig ist, und zwar in genau der Reihenfolge: Tu das, was du tust, mit Freude und Herzblut. Wenn das nicht geht, dann ändere etwas. Und: Wenn sich eine Situation partout nicht verändern lässt, dann geh.

Dabei liegt der Schwerpunkt auf der Veränderung, sonst schmeißt man alles gleich über den Haufen, für das man nicht in heißer Liebe brennt. Aber: Wenn man wesentliche

Teile des eigenen Lebens nur noch mit Beschäftigungen verbringt, die einen nicht glücklich machen, dann wird es höchste Zeit, etwas zu ändern. »Veränderung wäre schön, geht aber nicht« ist als Entschuldigung schnell bei der Hand. Deshalb zur Anregung für Ihr spielerisches Kind-Ich und das Erwachenen-Ich noch ein paar Nachdenkfragen: Will ich überhaupt etwas an der Situation verändern? Wenn ja, was genau will ich ändern? Welche Möglichkeiten hätte ich, etwas zu ändern? Wie könnte ich mich ändern? Was will ich lernen?

»Love it!« or »Leave it!«

Das »Love it!« ist der einfachste Punkt unseres Dreisatzes. Doch auch Herzensangelegenheiten brauchen Erinnerungshilfen und ein paar Nachdenkfragen: Was würde mir fehlen, wenn ich die »Mühen der Ebenen« verlassen würde? Wofür könnte ich hier auch dankbar sein? Welche guten Seiten hat die Situation? Wie kann ich die Situation als Lernerfahrung nutzen und daran wachsen? Wie kann ich neugierig sein? Wie kann ich lernen, die Situation weniger ernst zu nehmen? Wie kann ich ein Spiel daraus machen? Wie kann ich es einfach witzig finden? Wie kann ich wieder Feuer und Flamme sein?

Ja, und wenn gar nichts mehr geht auf dem Weg durch die Ebenen, dann hilft eben nur ein »Leave it!«. Dazu sollte man sich vorher allerdings gefragt haben: Was wäre der Preis dafür, die Situation zu verlassen? Und: Bin ich bereit, den Preis zu bezahlen? Andernfalls wird man zum Perfektionsbeißer auf dem Rücken eines toten Pferds.

Ein Weg, mit besonderen Herausforderungen auf dem Weg durch die Ebenen umzugehen, ist es auch, die Erfolge zu visualisieren. Sie haben ein schweres Meeting am nächsten Tag, dort soll sich entscheiden, ob Ihre Firma den Auftrag an Land zieht oder nicht? Sie haben eine entscheidende mündliche Prüfung, von der viel abhängt und bei der Sie vier Professoren in die Mangel nehmen? Stellen Sie sich vor, wie Sie die Situation meistern. Tun Sie das so detailliert wie irgend möglich und spielen Sie verschiedene Szenarien durch. Und vor allem: Tun Sie es immer wieder. Das verschafft Ihnen Sicherheit im Umgang mit der Situation – egal ob Meeting oder Prüfung. Visualisierung bedeutet im Grunde nichts anderes, als das Ende im Blick zu haben, bevor man einen Prozess beginnt. Dr. Charles Garfield hat über menschliche Spitzenleistungen auf unterschiedlichen Gebieten geforscht und er stieß bei denen, die Stars in ihren Bereichen waren, immer wieder auf außerordentlich ausgeprägte Fähigkeiten zur Visualisierung. Allerdings ist es keineswegs gleichgültig, wie man sich seine Visualisierungen gestaltet.

Den Weg und die Erfolge am Wegesrand zeigen

Die Vorstellung eines glänzenden Erfolgs bei der mündlichen Prüfung des Staatsexamens ist die richtige. Sie motiviert und gibt Sicherheit für diese außergewöhnliche Herausforderung. Für die alltägliche Motivation sollte man aber weniger auf solche »Outcome Situations« setzen, also der positiven Vorstellung der Ergebnisse, sondern vielmehr auf sogenannte Process Simulations. Dabei richtet man den

Blick auf den Weg zum Erfolg. So malt man sich zum Beispiel aus, wie es einem gelingt, die beiden Wochen
vor der Semesterprüfung kontinuierlich die Abende am
Schreibtisch zu verbringen, Verlockungen wie Partys oder
dem abendlichen Fernsehprogramm weitgehend aus den
Weg zu gehen und dabei seinen starken Charakter unter
Beweis zu stellen. In einer Studie an der amerikanischen
University of California fanden Psychologen heraus, dass
dieser Weg der verlässlichste ist, um die eigene Leistung zu
verbessern. Sie hatten aus Studenten, die ihr Lernverhalten
verbessern wollten, drei Gruppen gebildet, die unterschiedliche Instruktionen bekamen, wie sie die Verbesserung angehen sollten. Die erste Gruppe sollte sich, um sich für die
verstärkten Lernanstrengungen zu motivieren, den fulmi-
nanten Abschluss an der Universität vorstellen. Wie ihnen
Eltern, Freunde und Bekannte zu ihren Traumnoten gratu-
lieren und wie sich erste Arbeitgeber um sie als Topabsol-
venten bemühen. Die zweite Gruppe erhielt gar keine Instruktionen und die dritte sollte sich bildhaft vorstellen, wie
sie standhaft beim Lernen blieb. Das Ergebnis war recht
eindeutig: Die Teilnehmer der ersten Gruppe legten hoch
motiviert los und verdoppelten ihr Engagement. In dem
Moment allerdings, als sich diese Bemühungen nicht sofort
in gute Noten umsetzten (immerhin der Gegenstand ihrer
Imagination), erlahmte der Ansporn recht schnell. Am besten schnitt die Gruppe ab, die sich in ihrer Vorstellung auf
den Prozess des Lernens konzentrierte und nicht auf den
Erfolg, der daraus resultieren sollte. Die an der Studie beteiligten Psychologen erklärten sich das unter anderem damit, dass die Gruppe mit der positiven Vision zwar sehr

schnell zu begeistern, aber auch für mentale Rückschläge, die ihre Vision infrage stellten, sehr anfällig war. Die andere Gruppe ließ sich dagegen von schlechteren Zensuren, die sich zwischendurch nicht vermeiden lassen, nicht weiter beeindrucken. Derlei kurzfristige Dämpfer hatten ja auch keinen direkten Bezug zu ihrem motivierenden Selbstbild.

Etliche der oben gegebenen Hinweise sind sicher längst bekannt, vielleicht sind sie sogar banal. Das ändert allerdings nichts daran, dass sie im Alltag, wenn es darauf ankommt, nur allzu gerne vergessen werden. Es geht nicht darum, dass wir es nicht wissen, wir haben tonnenweise »Knowhow«. Auf dem Weg hilft aber nur die eigene »Do-how«-Kollektion, für die wir uns entscheiden und dann in den Alltag integrieren. Probieren Sie es aus! Prof. August Everding hat seine ganz besondere Auswahl verraten: sich den Humor bewahren, wenig schlafen, ein Ziel haben und nicht zu wenig Champagner.

5

Am Gipfel angekommen

Bleiben oder gehen?
Should I stay or should I go?

Albert Einstein wusste schon, warum Holzhacken so beliebt ist – bei dieser Tätigkeit sieht man den Erfolg sofort. Sehr viel länger ist da der Weg durch die »Mühen der Ebenen«, die Gott oder ein ungnädiges Schicksal vor die Besteigung eines Berggipfels gesetzt haben. Beharrlich und mit Humor zu wandern, verdient Bewunderung, denn: Der Weg ist anstrengend, kräftezehrend und bietet immer wieder auch erhebliche Enttäuschungen, die es erst mal zu verkraften gilt. Und dann? Manch einer weiß nicht, wie er damit umgehen soll, wenn er sein Ziel erreicht hat. Wer die Ebenen geschafft hat, der sollte nach dem langen Weg auch seinen Erfolg feiern. Seine Investition an Mühen muss er sich in Freude über den Erfolg zurückzahlen – am besten mit ordentlich Zinsen. Ob man nun eher bei dem Gründer der *dm*-Kette Götz Werner ist (»Erfolge feiere ich nicht, ich

genieße sie nur«), dem Schauspieler Joachim Król zustimmt
(»Erfolge feiere ich eigentlich leise«) oder die Champagner-
korken nach dem Motto »Man muss die Erfolge feiern, wie
sie fallen« knallen lässt, ist absolut zweitrangig, entscheidend ist, dass man diese persönlichen Gipfelpunkte in irgendeiner Form begeht. Ob laut, ob leise, ob mit Freunden
oder nur für sich, das kann jeder halten, wie er will. Wer
einen Berg erklommen hat, der verharrt am Gipfelkreuz.
Ziele sind zum Ankommen da. Nichts wäre seltsamer, als
jemanden zu beobachten, der jahrelang trainiert, extreme
Entbehrungen und große Kosten auf sich genommen hat,
um den Mount Everest zu besteigen, und dann, oben angekommen, ohne sein Tempo nur einmal zu verlangsamen,
dem Gipfel den Rücken zukehrt und sofort wieder hinab-
steigt.

Der Mensch braucht Gipfelpunkte als Orte zum An- und
Innehalten, zum Kraftsammeln und zur Neuausrichtung.
Das ist im Alltag nicht selbstverständlich. Im Gegenteil:
Ganz oft wird vergessen, den Erfolg wirklich zu würdi-
gen – zack, zack, gleich weiter zum nächsten Punkt auf der
Tagesordnung. Wer nach einer Phase der Ausdauer einen
Gipfel erklommen hat, hat geradezu die Pflicht, sich dort
oben auch ordentlich zu freuen. Hier wird die Kraft für
neue Abenteuer und Wege gesammelt. Jetzt gibt es die Belohnung für all die Schritte, die dieser Aufstieg gebraucht
hat. Und das heißt, da gibt es ziemlich viel zu tun. Denn:
Wer ordentlich arbeitet, der muss auch ordentlich feiern.
Also: Wenn Sie oben sind, dann bleiben Sie auf dem Gipfel,
genießen Sie den Blick, schießen Sie Erinnerungsfotos, stellen Sie die Bilder, wohin Sie wollen, auf die Kommode, den

Schreibtisch oder auf Facebook, sagen Sie den Menschen, dass Sie stolz auf das Erreichte sind. Kurzum: Freuen Sie sich und lassen Sie andere ruhig an Ihrer Freude teilhaben.

Schon wieder das Fernglas in der Hand

Die Rast- und Ruhelosen, die, kaum auf dem Gipfel angekommen, schon mit dem Fernglas nach der nächsten, noch schwierigeren Herausforderung suchen, gehen verschwenderisch mit ihren Kräften um. Und sie verschenken eine große Quelle der Motivation und Kraft für die nächsten Herausforderungen. Der Mensch ist ein »Belohnungstier«, auf Dauer will er nicht loslaufen, wenn er keine Belohnung in Aussicht hat. Allerdings ist es gar nicht so leicht, sich über das Erreichte zu freuen, wie man sich das auf den ersten Blick vorstellt. Manchmal muss man ein wenig nachhelfen, damit es klappt. Gerade nach besonders langen Anstiegen kann das Gipfelerlebnis manchmal enttäuschend sein. Da hat man sich das monatelang in den buntesten Farben ausgemalt, sich immer wieder eingeflüstert, dass alles gut wird, wenn man dieses oder jenes endlich geschafft hat, und dann will sich die große Euphorie einfach nicht so recht einstellen. Ein bisschen wie Weihnachten, da sind die Vorfreude, das ganze Drumherum, die Lichter im Advent, die Heimlichtuerei, was man für die Liebsten besorgt hat, auch heller und bunter als der Weihnachtstag selbst. Aber Weihnachten und andere Feste kommen alle Jahre wieder, da bleibt genügend Übungsspielraum. Etwas anderes sind die langen Anstiege im Berufsleben oder auf dem Weg zum Beruf.

Kein Grund zur Klage

Fast ein Jahr hat die Studentin für ihre Staatsexamen gelernt, nahezu jeden Tag hat sie von morgens bis abends gebüffelt, so viel wie noch nie. Die Bibliothek kennt sie inzwischen besser als ihre eigene Wohnung und in dem Club um die Ecke war sie schon seit Monaten nicht mehr tanzen. Die Aussicht auf den erfolgreichen Abschluss hat sie durch diese Zeit geführt. Jetzt ist er da: bestanden, Note gut, kein Grund zur Klage. Aber die junge Frau steht hilflos da, horcht in sich hinein, auf der Suche nach Jubelstürmen. Aber da ist nicht einmal ein einfaches Kaffeekränzchen auszumachen. Stattdessen neutrale Stille. Und so geht die Studentin nach Hause, schließt die Tür zu ihrer Wohnung auf und weiß nicht, was sie machen soll. Sie hat nichts mehr zu lernen und viel anderes hat sie das vergangene Jahr nicht getan. Die nächsten acht Wochen wälzt sie sich in einer Sinnkrise grundlegenden Ausmaßes auf ihrem Sofa hin- und her, nur um festzustellen, das weder das Vor- noch das Nachmittagsprogramm im Fernsehen ein Grund zum Weiterleben sind. Irgendwann wird es den Freundinnen zu bunt und nach einem beherzten emotionalen Tritt in den Allerwertesten kommt die junge Frau wieder in die Gänge. Je jünger, desto leichter. Erfolge feiern ist gar nicht so leicht, und die Folgen können ziemlich fatal sein, wenn man das Triumphe-Auskosten in den Sand setzt.

Trophäenhilfe – Erfolge sichtbar machen

Natürlich kann man nicht ewig auf so einem Erfolgsgipfel bleiben, zu zugig ist es dort oben auf die Dauer. Deswegen muss man – wohl oder übel – nach einer gewissen Zeit wieder den Weg hinab in die Ebenen antreten. Aber man sollte sich tunlichst darum kümmern, dass man ein paar Erinnerungsstücke in seinen Rucksack packt. Die kann man dann mit auf die nächste Reise nehmen. Sie sollen einen an den Erfolg erinnern, wenn der nächste Gipfel mal wieder maximal weit entfernt wirkt, und dann den dringend nötigen Trost spenden. Auf die Idee kommen die meisten noch von selber. Klar, wenn ich etwas wirklich Außergewöhnliches geleistet habe, dann nimmt man sich eben ein Steinchen vom Gipfel des Mount Everest mit, bewahrt die Einladung zu seinem Abiturball auf, die Fußballschuhe, mit denen man das goldene Tor erzielt hat, oder man rahmt die Meisterprüfungsurkunde ein. »Gut so!«, kann man da nur sagen. »Weitermachen.«

Aber das ist wie mit dem Lob für andere Menschen, es sollten nicht immer nur die großen Sensationen sein, die Anlass dafür geben. Die machen nur ein paar Promille des Lebens aus. Der Rest ist Alltag, sind die Ebenen – normal, lang andauernd, selten glänzend. Deshalb ist Regel Nummer eins bei der Freude über Erfolge: Zwischenziele basteln! Haben Sie nicht nur das große Endziel im Auge, sondern loben Sie sich auch für die alltäglichen Bemühungen, die Sie überhaupt erst in die Lage versetzen, sich in Richtung Gipfel aufzumachen. Die allermeisten Menschen werden ihre Ziele nämlich nur dann erreichen, wenn sie zum Beispiel gelegentlich mal den Weg in den Supermarkt finden, um den Kühlschrank zu füllen. Mal abgesehen von Udo Lindenberg, der nicht zuletzt deswegen in einem Hotel wohnt, um von den Banalitäten des Lebens nicht belästigt zu werden. In Sachen Erfolge feiern kann man sich von dem großen Nuschler des deutschen Rock allerdings einiges abschauen. »Große Ereignisse werfen ihre Schatten unter die Augen«, hat er einmal gesagt. Nun gut, man muss sich vielleicht nicht alles abschauen. Aber es bleibt die Frage: Wie kann man sich dauerhaft über die großen und kleinen Erfolge freuen?

Der goldene Zwieback

Ein Blick in den Sport ist hilfreich: Wie machen die das? Einfache Antwort: Es gibt Pokale, Schüsseln, Kannen … Trophäen in allen nur denkbaren Spielarten. Gemeinsam haben sie vor allem eines, sie gehören mit zum Scheußlichsten, was man sich so in Vitrinen stellen kann. Dass sie trotzdem ihren Platz finden, hängt ganz einfach damit zusammen, dass die Trophäen Erfolge sichtbar machen. Der FC Bayern München durfte zuletzt mal wieder die sogenannte Meisterschale in den Himmel recken und gleich den »Henkelpokal« der Champions League hinterher. Steffi Graf und Boris Becker sorgten früher in steter Regelmäßigkeit dafür, dass der Pokal mit der goldenen Ananas auf dem Deckel von Wimbledon nach Deutschland reiste und Dirk Nowitzki konnte 2011 nach langem Warten endlich die

»Larry O'Brien Trophy« der NBA in den Himmel recken. Prima für die Sportler, Gratulation, Tusch und so weiter, aber: Wie sieht es denn mit den Trophäen für die Alltagsleistungen und -erfolge des ganz normalen Menschen aus? Wo bleibt der »Nicht-die-Nerven-verlieren-Eltern-Cup«, der »Goldene Zwieback« für die nervenstärkste Schwester der Nachschicht, die »Ehrenamtsschüssel« oder der »Projekt-umgesetzt-Oscar«? Die gibt es allesamt nicht und es steht zu befürchten, dass sie auch demnächst keiner einführen wird. Also müssen Sie selbst ran und sich Ihre eigenen Trophäen basteln. Das hat überhaupt nichts mit explodierendem Ego, Aufgeblasenheit oder Selbstüberschätzung zu tun, sondern ist schlicht eine höchst vernünftige Art und Weise, gut durchs Leben zu kommen. Und das wollen wir ja nun irgendwie alle. Die Trophäen sollen nichts anderes sein als Erinnerungen an unsere Erfolge, die uns wieder ins Gedächtnis rufen, wofür wir uns eigentlich anstrengen, und uns darauf aufmerksam machen, dass am Ende des Weges die Anstrengungen Früchte oder Zwiebäcke tragen wird. »Aus den Augen, aus dem Sinn« ist keine gute Option. Die Folgen dieses Spruchs bringen uns sonst um den dauerhaften Genuss der Gipfelerlebnisse.

Erfolge feiern will gelernt sein

Auch feste Erfolgsrituale sind eine Möglichkeit, sich der eigenen Leistungen dauerhaft zu versichern. Keine Gemeinschaft dieser Welt kommt ohne Rituale aus, ob im Amazonasbecken, der hinteren Mongolei oder in Mittelfranken. Sie sind für eine Gesellschaft von fundamentaler Bedeutung.

Gerade weil unsere Sozial-, Kultur- und Arbeitswelt oft nicht so fassbar ist wie die Welt der Gegenstände und Handlungen, binden Rituale das Begreifbare an das nur indirekt Erfahrbare – wie zum Beispiel den Erfolg persönlicher Veränderung. Deshalb braucht das moderne, von Aberglauben »befreite« Leben unbedingt Rituale, um die nicht fassbaren Handlungen wieder fassbar zu machen, und sei es in Form einer goldenen Ananas. In zahlreichen Formen und Varianten gibt es sie: Übergangsrituale, Machtrituale, Steuerungsrituale, Abschiedsrituale oder eben Erfolgsrituale. Rituale ermöglichen es, bestimmte Gefühlszustände immer wieder in Kontexte einzubetten und zu regulieren – oder sie in diesen Kontexten zu erzeugen. Wer regelmäßig Erfolge mit seinem Team feiert, festigt auf diese Weise nicht nur die Gemeinschaft, sondern verbindet angenehme Gefühle mit diesem Ritual. Dazu gehören auch mehr oder weniger gut gesungene Lieder oder ein von allen gerufenes »Hipp, hipp, hurra!«. »Das Schöne an den Ritualen ist, dass man nicht an sie glauben muss, man muss sie einfach nur machen«, sagt der Indologe Axel Michaels, Sprecher des Sonderforschungsbereichs Ritualdynamik an der Universität Heidelberg. Bei einer Hochzeit müssen die Eheleute nicht an die ewige Liebe glauben, damit das Ritual gültig ist. Und wer kennt nicht die Geschichten von befreundeten Paaren, die trotz aller religiöser Skepsis in der Kirche heiraten? »Weil's so feierlich ist!« Unser Alltag steckt voller Rituale und in den Unternehmen kündigt sich derzeit eine sanfte Renaissance der Rituale an. Offenbar erkennen immer mehr Firmen, dass ihre Belegschaft Halt, Identität, »was zum Anfassen« und nicht nur windumtoste Berggipfel braucht.

Erfolgsrituale sind aus Sicht der Chefetage eine gute Möglichkeit, erwünschtes Verhalten bei den Mitarbeitern hervorzurufen. Einfacher ausgedrückt: Wer Erfolge feiert, bekommt ganz automatisch erfolgstechnischen Nachwuchs. Denn bald wollen sich auch die Kollegen bejubeln lassen. Außerdem wird mit solchen Erfolgsritualen das Bedürfnis nach Status und Anerkennung befriedigt, was wiederum für mehr Zufriedenheit sorgt. Allerdings nur dann, wenn die Führungskräfte ein Auge auf diese Rituale haben und sich bewusst sind, dass sie auch wieder infrage gestellt werden können. Sie kennen sicher Siegesfeiern, die zum Abschluss eines Projekts, einer besonderen Aufgabe, einer Prüfung stattfinden. Das gesamte Team wird zum Beispiel nach der Arbeit in ein Lokal eingeladen. Wenn sich der Chef dann kurz nach 21 Uhr verabschiedet, weil er »morgen wieder früh raus muss« – was für alle anderen ja nun ebenfalls gilt –, dann ist die Feier gelaufen. Noch in Sichtweite des Chefs erklärt der Erste: »Ich muss dann leider auch gehen!« Und die Zweite folgt sogleich: »Es war wirklich ein schöner Abend! Mal sehen, ob zu Hause noch jemand wach ist … .« Wenn so das Erfolgsritual abläuft oder nur Phrasen gedroschen werden, dann ist es schnell ausgehöhlt und verliert seine Wirkung. Dann rettet auch der »Goldene Zwieback« nichts mehr.

Krisenmeeting immer – Erfolgssitzung nimmer

Im Berufsleben kommt das Feiern der Erfolge viel zu kurz. Keiner wundert sich darüber, wenn mal wieder eine Krisensitzung anberaumt wird, weil irgendwas ordentlich schiefgegangen ist. Allerdings wundert sich verblüffenderweise auch keiner darüber, wenn mal wieder keine Party angesetzt wird, obwohl es einen außergewöhnlichen Erfolg zu feiern gäbe. Weil wir ganz darauf fixiert sind, nach vorne zu schauen und das nächste Thema in Angriff zu nehmen, vergessen wir das Innehalten. Es muss kein teures Dinner beim Edelitaliener sein oder eine Wochenendreise mit allen Beteiligten, aber ein Glas Sekt nach Arbeitsschluss oder ein Weißwurstfrühstück für die Abteilung darf es sehr wohl sein. Solche Motivationshilfen sind Gold wert für das Betriebsklima und die Motivation. Diese kleinen Gesten zeigen den Mitarbeitern, dass die Folgen ihrer Arbeit bemerkt und auch gewürdigt werden. Im Firmenalltag klappt das allerdings selten, weil es der Abteilungsleiter an der nötigen Initiative fehlen lässt oder halb gare Entschuldigungen vorschiebt. »Es sind ja nicht alle da«, heißt es dann, auch wenn de facto nie alle da sind. Dann sollten die Angestellten eben selbst das Feiern ihrer Erfolge in Angriff nehmen und nach der Arbeit noch auf einen kleinen Drink in die Bar nebenan gehen. Am besten laden Sie Ihren Chef auch noch ein, damit der das mit dem Erfolge-Feiern auch mal lernt. Und wer weiß, vielleicht zahlt dann er das nächste Weißwurstfrühstück. An Gründen sollte es in einer normalen Firma nicht mangeln: ein besonderer Akquiseerfolg, das Einführen eines neuen Produktes, das Abschaffen eines unrentablen Produktes, der 1.000. Kunde, eine besonders gute Idee, das positive Feedback eines Patienten und und und … In einer Firma in Norddeutschland hat der Chef eine Schiffsglocke an einen der Fachwerkbalken des alten Hauses geschraubt. Wer eine bestimmte Zahl an Schiffszubehör oder

Aktionsware verkauft hat, geht zur Glocke, bimmelt, die Mitarbeiter machen kurz Pause und der Chef gratuliert. Schon klar, dass das in einem Großraumbüro ins Gegenteil umschlagen würde, und eine Schiffsglocke würden die Mitarbeiter eines Schweizer Krankenhauses auch nicht so sinnig finden. Aber ansonsten – vorbildlich. So zelebriert man Erfolge gemeinsam, sorgt für Motivation und stärkt ganz nebenbei noch das Wir-Gefühl in der Firma.

Das Mini-Erfolgsritual

Neben »Zauberspiegel-App« und »Lob-Rouge« sollten Vorgesetzte jedes Zwischenziel nutzen, um Lob und Anerkennung auszuteilen. Stichwort Meeting: Es ist völlig akzeptiert und gilt als allgemein anerkannt, dass in solchen Besprechungen Dinge thematisiert werden, die nicht funktionieren. Fehler also, die sich in Zukunft nicht mehr wiederholen sollen. Weit seltener ist es allerdings, in diesem Rahmen Dinge anzusprechen, die gut funktioniert haben und die sich in genau dieser Art und Weise möglichst häufig wiederholen sollen. Eigentlich sollte auch diese positive Manöverkritik eine Selbstverständlichkeit sein. Davon sind wir allerdings weit entfernt. Wenn Dinge funktionieren, muss man nicht groß darüber sprechen, ist die verbreitete Auffassung, die hinter diesem beredten Schweigen steht. Das sollte sich dringend ändern – zum Wohle der Mitarbeiter, zum Wohle der Vorgesetzten und zum Wohle der Kunden.

Stichwort Kunde: Eine Strichliste für Kunden, die reklamieren, ist Praxis. Aber selten gibt es eine Strichliste für Kunden, die sich bedanken.

Erfolgsrituale nur für mich

Auch im Privaten ist das Erfolgsritual eine verlässliche Stütze. Es wird nur ein wenig anders angelegt. Wer gerade ein Zwischenziel erreicht hat, der sollte ganz bewusst sein persönliches Erfolgsritual zum Zuge kommen lassen. Die allermeisten haben so etwas. Frauen gehen tatsächlich gerne »Belohnungsshoppen«, Männer gehen tatsächlich gerne mit ein paar Freunden um die Häuser ziehen, um einen Erfolg zu feiern. Schön, aber ritualtechnisch ist das ausbaufähig, denn Shoppen oder In-die-Kneipe-Gehen verschafft zwar eine willkommene und erholsame Auszeit vom Alltag, die hält aber nicht lange an. Diese Einmal-Rituale können mit dauerhafteren Varianten verstärkt werden. Basteln Sie sich einen kleinen Pokal und stellen sie ihn dorthin, wo er immer wieder ins Auge fällt. Nehmen sie ein Post-it, notieren Sie Ihren Erfolg in einem Stichwort auf den Zettel und kleben Sie ihn jeden Abend nach dem Ausschalten des Computers auf den Bildschirm. Ihr Erfolg wird das Erste sein, was sie am Morgen auf der Arbeit begrüßt. Ist ein »Erfolgs-Post-it« überholt, kleben sie es auf die Seitenwand des Büroschranks. So lange, bis die Wand voll ist. Das ist Ihre persönliche Sieger- und Erfolgswand, der Sie jederzeit einen Besuch abstatten können, wenn Sie an sich selbst zweifeln. Ich lege für große und Mühen-der-Ebenen-reiche Projekte ein Blatt an. Darauf kommen die Überschriften der Dinge, die zu erledigen sind. Im Privatbereich gibt es auch so einen Zettel, da steht dann zum Beispiel drauf »Balkongitter«, »Kellerabgang« oder »Regentonne«. Es geht mir nicht um einen Zeitplaner oder eine To-do-Liste (die ich auch habe), sondern darum, den Erfolg sichtbar zu machen. Wenn ich eines der Dinge auf dem Blatt erledigt habe, dann nehme ich einen großen orangen Stift und unterstreiche die Überschrift dick und fett. Ein äußerst freudiges Ritual, dessen Befriedigungspotenzial einige Zeit anhält. Ich sehe mir den Zettel mit der orange unterstrichenen Überschrift »Balkongitter« immer wieder gerne an – was für ein gutes Gefühl, diese Aufgabe sichtbar erledigt zu haben. Die Idee des persönlichen Erfolgsrituals ist es, einen festen Ablauf zu institutionalisieren, mittels dessen man sich aktuelle Erfolge bewusst macht und sich an vergangene erinnert. Das Ritual an sich hat eine wesentlich tiefgreifendere Wirkung als die reine sprachliche Botschaft. Das hat mit dem Aufbau des menschlichen Gehirns zu tun. Ein Ritual spricht nicht alleine das schlaue Großhirn an, sondern bringt vor allem das limbische System als Sitz der Emotionen in Wallung. Rituale rufen hoffentlich positive Emotionen hervor, und die sind auch beim modernen Menschen wirkmächtiger als die reine nüchterne Erkenntnis. Starke Emotionen – negative wie positive – sorgen dafür, dass die Informationen, die mit ihnen verbunden sind, im Langzeitgedächtnis gespeichert werden.

Ein Zettel in der Notfallschublade

Um auf der Erfolgsspur zu bleiben, kann man das Pferd gewissermaßen auch von hinten aufzäumen und sich den Anfangsschwung eines Projekts in Erinnerung rufen, der alle Hürden überwindbar und alle Distanzen erwanderbar erscheinen ließ. Ein halbes Jahr später, mitten in den »Mühen der Ebenen«, weit und breit kein Gipfel in Sicht, ist die anfängliche Begeisterung längst verblasst. In diesem Moment kann die Erinnerung an die Euphorie der ersten Tage Wunder wirken. Sie vergegenwärtigt uns wieder, was unsere Begeisterung an diesem Projekt geweckt hatte, gibt uns neue Kraft und ermöglicht vielleicht auch einen neuen Blickwinkel auf die Route, die wir in Richtung Gipfel nehmen. Dafür muss man nicht unbedingt einen Pokal basteln, es genügt schon ein Spicker in einer Notfallschublade. Wird es motivationstechnisch mal wieder eng, dann kann ein Blick darauf helfen, um klarzumachen, warum man das eigentlich alles auf sich nimmt. Und ein ganz persönlicher Tipp: Den Motivationsspicker darf man ruhig an einer Tafel besonders guter Schokolade festmachen. Wenn es ums Durchhalten geht, sind alle Tricks erlaubt.

Gipfelklammerer und Gipfelflüchter

So, bis jetzt ist alles gut gelaufen: oben angekommen, Pokal aus dem Rucksack geholt, das Ding über dem Gipfel unserer Wahl in den Himmel gestreckt … Und nun? Wie geht's weiter? Ruhig ausatmen und das Gefühl von Stolz langsam kommen lassen, bis es richtig schön durch den Körper schnurrt und dann: einfach nur genießen. Jetzt sollten Ruhe, Ankommen und Freuen an erster Stelle stehen. Die Frage ist nur, wohin sollte sich der Blick des Gipfelstürmers richten, wenn er mit Freuen fertig ist? Nach innen? Nach außen? Nach hinten auf das bisher Erreichte oder nach vorne auf die nächste Herausforderung? Alles ist richtig, es sollte nur in der richtigen Reihenfolge und mit dem Sinn für das richtige Maß geschehen. Das allerdings gelingt vielen nicht – aus sehr unterschiedlichen Gründen.

Die Gipfelklammerer

Die einen sehen eher nach hinten und auf das gerade Erreichte samt dem sehr, sehr goldenen Gipfelkreuz ihrer jüngsten Eroberung. Sie sind ein bisschen verliebt in ihren Erfolg und können sich so gar nicht vorstellen, den Ort ihres Triumphes zu verlassen. Manche bleiben ein Leben lang auf dem gleichen Gipfel und langweilen sich – auch wenn sie das meist nicht offen zugeben – und ihre Umwelt bald zu Tode. Das sind gefürchtete Partygäste. Das ist die Sorte Mensch, die stets die gleiche Geschichte von einem triumphalen Erfolg erzählt, um dann auf Nachfrage, wann sich dieses epochemachende Ereignis eigentlich zugetragen habe, keineswegs zerknirscht festzustellen: »Na, das dürfte so 1986 gewesen sein.« In einem solchen Fall handelt es sich eindeutig um einen Gipfelklammerer. Das ist die alte Al-Bundy-Geschichte, der trashige amerikanische Macho aus der Sitcom *Eine schrecklich nette Familie*. Der Mann ist Schuhverkäufer, überschuldet, unglücklich verheiratet, von seinen Kindern in den Wahnsinn getrieben. Als Running Gag zieht sich die Schilderung seiner Football-Karriere an der Highschool durch die 259 Folgen. Und es gibt wenig Dinge, die trauriger sind, als einem alternden Mann mit Bauchansatz und licht werdenden Haaren dabei zuzusehen, wie er leuchtende Augen bekommt, wenn er von dem

Erfolg seines Lebens erzählt: einem triumphalen Football-Spiel zu Highschool-Zeiten, in dem er drei Touchdowns in einem Spiel erzielt hat.

Der gerade hochgelobte schnurrende Stolzmotor produziert, neben einer ordentlichen Portion persönlichen Wohlbefindens, eben auch jede Menge heißer Luft. Damit füllt er Worthülse um Worthülse. Je länger der Erfolg her ist, desto kälter wird die Luft und macht irgendwann einem Vakuum Platz. Im schlimmsten Fall versuchen die Gipfelklammerer auch noch, andere von ihren Klammerkünsten zu begeistern. Neuen Ansätzen oder Ideen verweigern sie sich mit dem Pathos des Bewährten. Der Gipfelklammerer bleibt am liebsten da, wo er ist. Da fühlt es sich sicher an und man muss sich keine Sorgen um drohende Niederlagen machen. Warum denn schon wieder alles verändern, das Alte ist doch nicht schlecht? Und außerdem: »Das haben wir schon immer so gemacht!« Die einstigen Gipfelstürmer stellen mit dem Erreichen eines großen Ziels ihre Bemühungen ein und wechseln nahtlos in die Verwaltung und Vermarktung dieses singulären Erfolgsereignisses. Damit sind sie dann gut beschäftigt. Einmal hübsch hoch und dann schön oben bleiben, das ist im Normalfall kein gutes Rezept. Es ist zu kalt, zu zugig, zu einsam. Und: Viel Platz ist dort oben auch nicht.

Die Gipfelflüchter

Aber es gibt auch das andere Extrem: den Gipfelflüchtigen. Er steht oben auf dem Berg und fühlt kein bisschen Stolz in sich aufsteigen. Stattdessen denkt er darüber nach, wie langsam er in der Mitte des Weges vorangekommen ist, wie er beim Aufstieg einmal ausgerutscht ist, dass ihm die Luft zwischendurch auszugehen drohte und dass die Passage über die Nordwand vermutlich ohnehin die falsche war, weil die Route auf der anderen Seite doch viel schneller gewesen wäre.«»Warum freuen, wenn das Ergebnis doch nicht perfekt ist?«, denkt der Gipfelflüchtige und kommt auf diese Weise lebenslänglich nicht dazu, auch nur einmal richtig stolz auf sich zu sein. Denn: Wann ist etwas schon wirklich perfekt, zu 100 Prozent? Wann hat der Kandidat denn schon mal 100 Punkte und wann reicht es wirklich zur glatten 1,0? Das sind die absoluten Ausnahmen und selbst an denen kann man noch herummäkeln, wenn man es denn unbedingt will. Eine Kleinigkeit könnte immer noch besser gehen. Die Ankunft auf dem Gipfel ist für diesen Menschenschlag der Anlass, sich über die eigenen Unzulänglichkeiten im Verlauf des Aufstiegs bewusst zu werden. »Zurück auf Los, noch mal von vorne anfangen, diesmal aber bitte in Perfektion«, sagen sie sich und laufen den Hang wieder hinunter. Oder sie nutzen das Bergpanorama, um sich gleich eine neue Herausforderung zu suchen, einen neuen Gipfel, möglichst höher, steiler, eisiger und gefährlicher als der alte. An dem wollen sie dann ihr Können aufs Neue unter Beweis stellen, auf der ewigen Suche nach der perfekten Performance.

Im ewigen Kampf mit sich selbst

Eine ziemlich ungesunde Haltung ist das. Die Gipfelflüchtigen sind Getriebene, von ihrem Ehrgeiz und Perfektionismus zu ständiger Ruhelosigkeit verurteilt. Ihre Erfolge sind letztlich nur Etappen in einem ewigen Kampf um den Anspruch an sich selbst. Nur: Warum sollte man sich eigentlich anstrengen, wenn es keinerlei Belohnung dafür gibt? Wenn selbst das Hochgefühl beim Erreichen eines Ziels gleich durch die eigene Unzufriedenheit vergällt wird? Nicht selten passiert es den Gipfelflüchtigen, dass ihnen vom einen zum anderen Tag, wie aus heiterem Himmel, auf einmal die Kräfte schwinden. Diagnose: aus die Maus, zu viel geärgert, zu wenig gefreut.

Warum tun sich die Gipfelflüchtigen diesen Stress an? Ziemlich sicher nicht freiwillig, sondern weil sie nicht anders können. Das liegt ein Stück weit auch an der verkniffenen Arbeitsethik, die in Deutschland in vielen Familien und Institutionen noch in Reinkultur zu bestaunen ist. »Sauer verdientes Geld«, diese Redewendung gibt es nur bei uns in Deutschland. Das sagt ja einiges über unsere Wirtschaftskultur. Funktioniert in Schulen aber auch. Da ist der Lehrer, der seinen Schülern in der ersten Unterrichtsstunde erklärt, dass er die volle Punktzahl noch nie vergeben hat und auch nicht gedenkt, dies jemals zu tun. Schließlich sei es unmöglich, dass einer alles richtig macht. Das sind aber auch die Eltern, die die stolze Tochter, die eine Zwei in ihrem Problemfach mit nach Hause bringt, erst mal nach dem Notendurchschnitt fragen, um dann indigniert die Augenbraue in die Luft zu ziehen. »Das war früher aber auch mal ein anderes Niveau.« Die Ansprüche sind gewaltig und Lob gibt es nur für außergewöhnliche, ja fast schon sensationelle Leistungen. So macht man Menschen zu Gipfelflüchtigen, zu Getriebenen, zu Aktivitätskasperln, die immer weitermüssen, bis sie irgendwann vor lauter Weiter nicht mehr können.

Gipfelflüchter und das Ego-Gebläse

Dass das tatsächlich auch eine Mentalitätsfrage ist, lässt sich leicht beim Blick in den immer wieder verblüffend aufschlussreichen deutschen Sprichwortschatz zeigen. »Ohne Fleiß kein Preis«, heißt es da, »Wer rastet, der rostet«, oder: »Was du heute kannst besorgen, das verschiebe nicht auf morgen!« Manche deutschen Volksweisheiten müssten dringend mit einem Beipackzettel und der dringenden Warnung vor Risiken und Nebenwirkungen versehen werden. Das Unangenehme ist, dass diese Menschen die eigenen Ansprüche an sich selbst gerne auf ihr restliches Umfeld ausweiten. Bloß, weil sie selbst nicht in der Lage sind, Phasen der Aktivität mit solchen der Entspannung sinnvoll in Einklang zu bekommen, muss das doch noch lange nicht heißen, dass man sich selbst auch das Irrsinnstempo der Gipfelflüchtigen zumutet. Nur: Manchmal lässt sich das nur schwer vermeiden. Es gibt wenig unangenehmere Dinge im Berufsleben, als eine Gipfelflüchtige/einen Gipfelflüchtigen als Chefin oder Abteilungsleiter über sich ergehen lassen zu müssen. Die Frau, der Mann ist ein nicht enden wollender »Stress-Tsunami«, der sich nur wohlfühlt, wenn Adrenalin pur durch seine Adern pulst. Als Mitarbeiter hat man da manchmal kaum eine andere Chance, als mitzuziehen. Dabei sollte man aber unbedingt darauf achten, dass man sich gesundheitlich nicht ernsthaft in Gefahr bringt.

Das Gipfelflucht-Syndrom

Auch im Privaten kann ein Partner mit ausgeprägtem »Gipfelflucht-Syndrom« ausnehmend anstrengend werden und am Ende die ganze Beziehung ruinieren. Das Zusammenleben geht nämlich nur so lange gut, wie auch der andere auf Hochtouren mitläuft. Stottert das Getriebe, treten auch in der Beziehung Probleme auf. Stehen bleiben ist undenkbar. Wie so oft im Leben, so gilt auch beim Umgang mit dem Erfolg: Eine gesunde Mischung muss her. Es ist nicht zielführend, dauerhaft nur nach hinten zu schauen und sich auf einem einmal erklommenen Gipfel häuslich einzurichten: Da bestünde dann ernsthaft die Gefahr, sein spielerisches Kind-Ich zu Tode zu langweilen. Auf der anderen Seite birgt auch das ewige Schneller-weiter-Höher das nicht zu unterschätzende Risiko, irgendwann einen Kollaps zu bekommen. Wie verhindert man nun, dass eine dieser beiden Verhaltensweisen ins Extreme abkippt? Das sicherste Mittel ist auch hier wieder ein humorvoller Blick auf sich selbst und die Welt als Ganzes. Humor schafft beziehungsweise verlangt immer auch eine gewisse Distanz, die es möglich macht, sich und sein Verhalten aus einigem Abstand unter die Lupe zu nehmen. Und: Wer über sich selbst lachen kann, der braucht sich auch keine Sorgen zu machen, dass er sich mit zu viel heißer Luft aus dem Egogebläse aufpumpt. Das Lachen über sich selbst lässt ganz schnell die Luft aus dem Ballon, wenn man droht, vollends abzuheben.

Feiern, innehalten, Pause machen, sich eine Auszeit gönnen, sich Raum für Erholung und Retrospektive geben,

Wasserflaschen füllen, seiner aufkeimenden Neugier nach-
geben und sich dann wieder auf den Weg zu neuen Wipfeln
und Gipfeln zu machen – das ist doch ein guter Plan für die
Erfolgsgipfel.

Kairos und die Dampfschiffe

»Würdest du mir bitte sagen, wie ich von hier aus weitergehen soll?« – »Das hängt zum großen Teil davon ab, wohin
du möchtest«, sagte die Katze in *Alice im Wunderland.*

Ein gelingendes Leben ist nicht mit einem Gipfelsturm zu
meistern – auch nicht mit zwei, drei oder 20. Vielmehr
gleicht das Leben einer Wandertour mit andauernden Herausforderungen. Die Gipfel auf diesem Weg sind Ansporn
und Motivation zugleich für die Ausdauer auf dem weiteren Weg. Sie sind kein Ort, an dem man auf Dauer bleibt.
Wer zu sehr am Erreichten klebt, der verliert die extrem
motivierende Fähigkeit, brennende Neugier auf Neues zu
entwickeln. Denn um sich zu neuen Ufern aufzumachen,
muss man den Erfolgsgipfel auch wieder verlassen. Und
wenn man sich dazu zwingen muss.

Aber mit Trophäen im Gepäck, genügend Lob-Rouge dabei, einer sprudelnden Motivationsquelle für Wasserflaschen
und einem Schmunzeln auf den Lippen macht man sich
gerne auf die nächste Wanderung. Wie war das mit den Beatles, die nach einem langen Konzert in den ersten Stunden
eines nebligen Liverpooler Morgens eben nicht jammernd
ihre Karriere versenkt haben? Sie entschieden sich dafür, die

Herausforderung anzunehmen. Sie gingen nach Hamburg, nach St. Pauli, auf die Reeperbahn. Sie wurden mies bezahlt, spielten bis zu neun Stunden pro Tag in verrauchten Clubs, vor Schlägern, Betrunkenen, Kriminellen, Prostituierten und Freiern. Und zwar *Eight Days A Week* und immer wieder auch *A Hard Day's Night*, aber stets im Bewusstsein, dass es auf ihrer *Magical Mistery Tour* auch immer heißen wird: *Here Comes The Sun* und *Baby You're A Rich Man*.

Ein Gespür für Gelegenheiten

Sehr spannend im Zusammenhang mit dem Erfolg ist der Umstand, dass alle erfolgreichen Menschen ein gutes Gespür für besondere Gelegenheiten haben. Sie hören es quietschen, wenn sich irgendwo vor oder hinter ihnen eine Tür öffnet, durch die zu schlüpfen es sich lohnt. Viele Menschen, die glauben, dass das Glück ihnen nicht so hold ist, schauen einfach zu starr nach vorn. Sie halten sich apodiktisch an ihre Pläne und bemerken Abkürzungen nicht einmal, wenn sie sich scheunentorgroß vor ihrer Nase auftun. Wenn man einen Gipfel mit einer bestimmten Marschroute erfolgreich erklommen hat, heißt das nicht, dass die Karte von damals auch für die nächste Etappe des Wegs ein guter Ratgeber ist. Selbst wenn sie das tatsächlich wäre, können unvorhergesehene Umstände eintreten, die einen fein ausgetüftelten Plan komplett durcheinanderwirbeln. Geistige Beweglichkeit hilft dabei, flexibel auf neue Situationen zu reagieren. Wenn eine unvorhergesehene Abkürzung hinter der Ecke wartet oder eine Chance aus dem Gebüsch winkt, dann sollte man die Gelegenheit beim Schopfe packen.

Gesagt, getan

Ein schönes Sprich- und zugleich Stichwort, das mit dem »Am-Schopfe-Packen«. Es leitet sich von dem griechischen Gott Kairos ab. Den stellten die Hellenen als kräftigen Jüngling mit glatt rasiertem Schädel dar – geziert von einer Stirnlocke. Kairos ist das göttliche Gegenstück zu Chronos. Während der gemächlich in stets gleichem Takt vor sich hin tickt, steht Kairos für den einen, unberechenbaren Moment, in dem sich eine Tür öffnen, eine Aufgabe erfüllen, ein neuer Weg einschlagen lässt. Der Gott des zufälligen Zeitfensters, der sich plötzlich bietenden Abkürzung, des schnellen Entschlusses sozusagen. Er ist ein starker, wilder und unberechenbarer Jüngling und zeigt sich, wo es ihm gerade gefällt. Wer ihn sieht, sollte schleunigst zupacken, zweimal den gleichen Weg nimmt Kairos nie. In einem antiken Schriftstück hält ein Gläubiger im Angesicht eines Kairos-Altars Zwiesprache mit dem Gott:

»Warum fällt dir eine Haarlocke in die Stirn?«

»Damit mich ergreifen kann, wer mir begegnet.«

»Warum bist du am Hinterkopf kahl?«

»Wenn ich mit fliegendem Fuß erst einmal vorbeigeglitten bin, wird mich auch keiner von hinten erwischen, so sehr er sich auch bemüht.«

Nichts gegen Chronos, er ist ein treuer Gesell und stets verlässlich. Chronos ist die Zeit, wie sie vom Anbeginn des Universums an gegolten hat und immer weiter gelten wird. Er ist die Ordnung, er ist das Stück-für-Stück, das Nacheinander, der Zeitplan, das Beständige, Frühstück – Mittagessen – Abendessen, keine Überraschungen ... Und all das braucht man unbedingt, um im Leben seine Ziele zu erreichen. Aber eben nicht nur. Wer blind dem einmal gefassten Plan folgt, unabhängig davon, was sich auf seinem Weg an Veränderungen ergibt, den würden die wenigsten einen weisen Wandersmann nennen. Um die Herausforderung der Reise zu meistern, braucht es auch einen Moment der kreativen Beweglichkeit, der plötzlichen Entschlossenheit, des Herumreißens. Es gehört der Respekt vor der Dauer der Dinge genauso dazu wie die Offenheit für den goldenen Moment einer Gelegenheit. Chronos und Kairos – sind sie einem wohlgesinnt, ist alles möglich. Die alten Griechen hatten mehrere Götter für unterschiedliche Aspekte der Zeit. Wir haben nur die eine Zeit. Uns fehlt ein Gott der goldenen Gelegenheit. Zumal Kairos seit der Antike fast vergessen worden ist. Fragt man heute Passanten auf der Straße – und steht nicht gerade vor der altphilologischen Fakultät –, dürften viele mit Chronos den Begriff »Zeit« in Verbindung bringen, er hat schließlich in Wörtern wie Chronometer oder Chronologie die Jahrtausende überdauert. Mit dem Namen Kairos dagegen können die meisten gar nichts anfangen, höchstens als Rechtschreibfehler bei der ägyptischen Hauptstadt. Aber der alte Gott mit der Locke ist wieder im Kommen, wenn auch mit einem anderen Namen und natürlich nicht mehr in Gottgestalt.

Offene Türen erkennen

Im 18. Jahrhundert, und zwar genau am 28. Januar 1754, beschrieb Horace Walpole, der vierte Earl of Orford, in ei-

nem Brief seine Erfahrung, unvermutet Dinge oder Sachverhalte zu entdecken, nach denen er zwar nicht explizit
Ausschau hielt, deren Entdeckung ihm aber in einem äußerst passenden Moment widerfuhr. Kairos lässt grüßen.
Walpole, der außerordentlich kreativ mit der Sprache um-
ging, prägte in diesem Brief den Begriff »Serendipity«. Die
Idee dazu lieferte ihm das Märchen *The three Princes of Se-
rendip*. Nach einem jahrhundertelangen Schlummer taucht
der Begriff »Serendipity« oder auf Deutsch »Serendipität«
inzwischen immer häufiger auf. Und mit ihm die Anerkennung der Fähigkeit, offene Türen zu erkennen und zufällige
Gelegenheiten zu nutzen. Wie auch beim Gott Kairos handelt es sich bei der »Serendipity« um mehr als nur den pu-
ren Zufall. Es braucht zum einen die Entschlossenheit und
Offenheit, die sich zufällig bietende Gelegenheit auch zu
nutzen, und es erfordert zum anderen eine intensive Beschäftigung mit der jeweiligen Materie, um überhaupt zu
erkennen, dass es sich nicht um eine Sackgasse, sondern
den schnellsten Weg zum Ziel handelt. Kurz zusammenge-
fasst: »Die faule Sau wird selten von der Muse geküsst«,
oder, um mit Louis Pasteur zu sprechen: »Der Zufall be-
günstigt nur einen vorbereiteten Geist.«

Ein bisschen was selbst tun muss man für den goldenen
Moment dann doch, wie Gott in dem jüdischen Witz auch
dem David erklären muss. Jedes Wochenende betet David
zu Gott: »Gib, dass ich gewinn die Lotterie!« Seit Jahren
geht das schon. Am 20. Jahrestag fällt er wieder auf die Knie
und fleht zum Himmel: »Gib, dass ich gewinn die Lotterie!«
Plötzlich tut sich der Himmel auf, der Raum ist strahlend
hell und eine mächtige Stimme erschallt: »David, gib mir

eine Chance – **Kauf dir ein Los!**« Ganz ohne eigenes Zutun haben es auch Gott und der Zufall schwer.

Beispiele für derart »glücklich verdiente« Fügungen gibt es übrigens viele. Was wäre an der Menschheit nicht alles vorbeigegangen, wenn es nicht ein paar ausgesprochen »serendipitäre« Exemplare in der Geschichte dieser Gattung gegeben hätte? Alexander Fleming hätte die verschimmelten Bakterienkulturen einfach in den Mülleimer geschmissen und sich nicht weiter darüber gewundert, dass in der Umgebung der Schimmelpilze keine Bakterien wuchsen. Die Entwicklung des Penicillins hätte sicher Jahre, wenn nicht Jahrzehnte länger gedauert und Flemming nie den Nobelpreis für Medizin erhalten. Wilhelm Conrad Röntgen wäre es egal gewesen, dass beim Hantieren mit einer Kathodenstrahlröhre der fluoreszierende Inhalt von Reagenzgläsern auf einmal zu leuchten begann. Die Entdeckung der Röntgenstrahlen hätte sicher Jahre, wenn nicht Jahrzehnte länger gedauert und Röntgen nie den Nobelpreis für Physik erhalten. Auch der Klettverschluss verdankt sich der »Serendipity« eines Schweizer Ingenieurs, der sich beim Herausziehen der Kletten aus dem Fell seines Hundes nicht nur ärgerte, sondern dem dabei auch noch eine geniale Idee kam. Nicht zuletzt die Beatles nutzen eine Art von »Serendipity«, als George Harrison im Haus seiner Eltern in einem Buch auf die Worte »gently weeps« stieß. Daraus wurde das wunderbare Lied *While My Guitar Gently Weeps*.

Jeder braucht seine Heimat

Bei aller Freude daran, offene Türen zu erkennen und ein-
zurennen, denken Sie auch daran, Ihre Heimat zu finden.
Damit sind nicht die Zugspitze, die Felsen der Fränkischen
Schweiz und auch nicht die Kreidefelsen auf Rügen gemeint. Es ist ein Umfeld gemeint, das die Werte und Ziele
teilt, die Sie haben, oder sie zumindest nicht aktiv behin-
dert. Und das ist nicht selbstverständlich, denn manchmal
ist Erfolg so ziemlich das Letzte, was einem vergeben wird.
Dann kann man sich nur die Augen reiben, leise singen:
I Should Have Known Better, und von solchen Menschen
Abstand nehmen. Nicht schön, aber nicht zu ändern, denn
das passende Umfeld ist ein wichtiger Baustein für den Erfolg. Ein angehender Klassik-Violinist, der ausschließlich
Death-Metal-Kumpels hat, wird es voraussichtlich nicht
zum Topvioliniste bringen. Ein Juniorenfußballer, dessen
Eltern alles jenseits klassischer Musik für Zeitverschwen-
dung halten, wird wohl kein Fußballprofi. Beiden fehlt die
inspirierende und motivierende Kraft eines stimmigen
Umfelds. Denken Sie an die 10.000-Stunden-Regel: Wer
hervorragend sein will, muss viel üben, und das geht nur,
wenn er getragen und unterstützt wird. Die Heimat finden
bezieht sich auch darauf, sich mit vertrauten Personen zu
umgeben, die mit einem Erfolge feiern und Niederlagen
verarbeiten. Wenn die Heimat stimmt, dann kann man genügend Zuversicht entwickeln, um die Herausforderungen,
die jedes Leben so bietet, zu meistern. Manche Aspekte des
persönlichen Umfelds lassen sich allerdings nur schwer ändern – etwa die Kollegen auf der Arbeit –, deshalb ist es

sinnvoll, wenn man sich darauf vorbereitet, auch mit widerstreitenden Meinungen und gegenteiligen Ansichten zurechtzukommen. Andere Menschen wollen nicht unbedingt das Beste für einen, sondern sie verfolgen ihre eigenen Interessen. Mahner und Warner gibt es immer und egal, was man tut, es gibt auch immer Kommentare.

Robert Fulton, ein US-Ingenieur, war der Erfinder des ersten wirtschaftlich erfolgreichen, zuverlässigen Dampfschiffs. Nach vielen Vorbereitungen war es so weit, dass er sein Boot testen konnte. Am Ufer beobachtete eine Menschenmenge die letzten Vorbereitungen. »Das fährt doch niemals!«, riefen manche Zuschauer den Männern auf dem Boot zu. Die arbeiteten unbeeindruckt und konzentriert weiter.

Und endlich, inmitten von Dampf und sprühenden Funken, begann sich das Boot flussaufwärts zu bewegen. Die Menschen am Ufer waren still und beobachteten fasziniert das Schauspiel – aber nur kurze Zeit. Dann brüllten sie: »Das kriegt ihr nie mehr zum Stehen!«

Viel mehr muss man dazu nicht sagen … Außer vielleicht: Bekommen Sie das sonderbare Spektakel, das wir Leben nennen, mit Humor und Lebensklugheit über die Bühne, machen Sie Ihr Ding, haben Sie sich gern, lachen Sie, nehmen Sie Rückschläge mit Humor und *With A Little Help From My Friends*.